新时代共青团和
青少年工作文库

5

扶助青年乡村创业的工作实践

中国青年创业就业基金会·编著

中国青年出版社

云南省勐海县举办团属青创组织成立大会

"青创 10 万 +"中国青年创业大讲堂在四川省广元市举办

中国青年创业就业基金会联合省级团委组织湖北、河南、江西百余名县级青年创业组织骨干集中培训

河北省围场县举办青年创业培训班

农村青年人才振兴工程集中递进培训在四川崇州举行

广西壮族自治区乐业县召开农村创业青年金融需求对接会

贵州省青年创业就业服务中心向获批"青扶贷"的创业青年送去贷款

河南省濮阳市范县扶贫助农公益直播活动

山西省灵丘县举办青年创新创业大赛

中国青年创业就业基金会组织各地创业青年典型参与湖南卫视《天天向上》2019年五四特辑录制

创业青年王玲玲（左二）同村民一起采摘晟源山茶

创业青年储盛亚积极开展六安瓜片品牌推广活动

创业青年王楠楠（网名麦小登）参与电商助农活动

创业青年罗沙沙展示自己创作的邵阳蓝印花布服饰

创业青年廖繁情展示基地养殖的乌鸡

创业青年蔡晓玲（右三）带领孩子们体验乡村户外拓展项目

创业青年张潮瑛展示黎族织锦作品

创业青年蒲恩亚（右二）开展电商助农销售

创业青年王秋（右）向公公学习编织卡拉鸟笼

创业青年姜豪展示基地养殖的蜜蜂

河北省阜城县免施农药酿酒高粱种植基地项目

安徽省阜南县皖西白鹅养殖项目

江西省遂川县狗牯脑茶精品茶旅茶园建设项目

山东省阳谷县鲁西黑头羊养殖项目

河南省兰考县桑蚕小镇基地项目

湖北省天门市新型高效智能植保无人机项目

广西壮族自治区富
川瑶族自治县创新
电商扶贫销售项目

重庆市武隆区"鳅
田稻"稻田综合种
植项目

四川省沐川县猕猴
桃电商销售项目

云南省会泽县蔬菜生产基地项目

陕西省平利县绿茶、绞股蓝产业扶贫项目

宁夏回族自治区盐池县下高窑村肉牛养殖产业化
扶贫项目

前　言

　　党的十八大以来，以习近平同志为核心的党中央提出并推行精准扶贫、精准脱贫基本方略，把打赢脱贫攻坚战摆到治国理政的突出位置，提升到事关全面建成小康社会、实现第一个百年奋斗目标的新高度。

　　党旗所指就是团旗所向。在这场人类历史上规模最大、力度最强的脱贫攻坚战中，共青团紧紧围绕党中央和国务院脱贫攻坚战略部署，充分发挥团的工作优势，主动融入大扶贫工作格局，团中央明确提出学业资助、就业援助、创业扶助"三个10万"重点项目和目标任务。其中，开展创业扶助的"青创10万+"（"扶助10万名有志青年扎根深度贫困地区创业"）重点项目，由中国青年创业就业基金会在全团牵头组织实施，聚焦扎根贫困地区有志创业青年，通过提供全方位的青年创业服务，支持一批"有想法、有激情、肯吃苦、能扎根"的农村青年和返乡青年扎根农村创业，并通过创业带动就业等方式，带动建档立卡贫困人口增收脱贫，团结引领广大青年为打赢脱贫攻坚战、助力乡村振兴作出积极贡献。截至2020年底，全团已累计扶助15.62万人扎根贫困地区创业，项目间接带动百万名贫困人口增收脱贫，取得了初步成效，也得到各级党委政府和广大人民群众的肯定。

　　为集中展示这场攻坚战中共青团服务农村青年创业的工作实践，

由中国青年创业就业基金会组织撰写的《解读与对话——扶助青年乡村创业的工作实践》，被纳入"新时代共青团和青少年工作文库"，由中国青年出版总社发行。

全书分上、下两篇，旨在全面介绍共青团特色扶贫工作体系下"青创 10 万 +"的各项实践，系统总结各级团组织服务农村青年创业扶贫的工作经验，集中展现各地有志青年扎根贫困地区创业的典型案例，为共青团在乡村振兴阶段接续开展创业扶助工作、引导服务广大青年创业建功新时代提供参考。

在上篇，对"青创 10 万 +"项目的实施背景、工作举措及各项成效进行了总体介绍，重点呈现了共青团在组织建设、智力支持、金融扶持、市场对接、典型选树等主要扶持路径上的有益实践，结合调查研究归纳了扎根贫困地区创业青年群体画像特征与困难需求，结合工作实践总结了"青创 10 万 +"在引领服务创业青年方面的经验与既有扶持工作的不足，展示了部分团组织创业扶助工作的举措与特色，并初步分析提出了乡村振兴战略下创业青年的新机遇以及共青团新阶段创业扶持工作安排，为下一步统筹全团做好服务农村创业青年工作提供参考。

在下篇，围绕设施农业、规模种养、农产品加工、农产品流通、乡村文旅、民俗民族工艺等重点领域，聚焦中高院校毕业生、复员转业退役军人、留学归国人员等农村创业生力军，选取了 24 个各具特色的青年典型，分享了他们各自在创业路上的思考、抉择、挫折与经验，展示了有志青年扎根贫困地区艰苦创业、助力家乡脱贫发展、建功新时代的青春风采。

全面建设社会主义现代化国家，实现中华民族伟大复兴，最艰巨最繁重的任务依然在农村，最广泛最深厚的基础依然在农村。服务"三农"，助力乡村振兴，需要各级共青团组织、广大团员青年与全社会一道付出更多的努力。希望越来越多的朋友加入服务青年扎根农村创业的行列，希望广大创业青年接续在全面推进乡村振兴中建功立业，共同为加快农业农村现代化、全面建设社会主义现代化国家作出新的更大贡献。

目 录

下篇　对话：青春群像

上　篇

解读：青创密码

本篇章系统介绍了近年来共青团扶助青年乡村创业的工作实践，包括梳理了"青创10万+"创业扶助工作的部署安排及工作成效，总结了共青团乡村创业扶助工作的主要手段，归纳了乡村创业青年的画像特征，展示了部分地方团组织的典型工作举措，解读了乡村振兴阶段共青团创业扶助工作的基本考虑和部署安排。

第一章　共青团的庄严承诺

时代背景：有志青年当建功新时代

青年兴则国家兴，青年强则国家强。2018 年，习近平总书记在党的十九大报告中指出，青年一代有理想、有本领、有担当，国家就有前途，民族就有希望。中国梦是历史的、现实的，也是未来的；是我们这一代的，更是青年一代的。中华民族伟大复兴的中国梦终将在一代代青年的接力奋斗中变为现实。总书记殷切寄语，广大青年要坚定理想信念，志存高远，脚踏实地，勇做时代的弄潮儿，在实现中国梦的生动实践中放飞青春梦想，在为人民利益的不懈奋斗中书写人生华章！

2021 年，在庆祝中国共产党成立 100 周年大会上，习近平总书记殷切指出，100 年前，一群新青年高举马克思主义思想火炬，在风雨如晦的中国苦苦探寻民族复兴的前途。100 年来，在中国共产党的旗帜下，一代代中国青年把青春奋斗融入党和人民事业，成为实现中华民族伟大复兴的先锋力量。新时代的中国青年要以实现中华民族伟大复兴为己任，增强做中国人的志气、骨气、底气，不负时代，不负韶华，不负党和人民的殷切期望！

为实现中华民族伟大复兴的中国梦而奋斗，是中国青年运动的时代主题。近代以来，我国青年不懈追求的美好梦想，始终与振兴中华的历史进程紧密相连。五四运动期间，中国青年走上街头，走出国门，用自己的呼喊和行动唤醒沉睡的中国，挽救中华民族于国家危亡之际。革命战争年代，中国青年拿起武器，走上战场，抛头颅洒热血，为争取中华民族独立和解放而冲锋陷阵。社会主义建设时期，中国青年响应党的号召，向困难挑战，向荒原进军，保卫祖国，建设家乡，在新中国的广阔天地忘我劳动、艰苦创业。改革开放之后，中国青年团结起来，发出振兴中华的时代强音，为祖国繁荣富强开拓奋进、锐意创新。

进入新世纪新阶段，我国进入经济社会转型发展的重要战略机遇期。国内外形势发生深刻变化，前景虽然光明，但挑战也十分严峻。一方面，我国经济社会发展取得了巨大成就，人民物质文化生活水平有了很大提高；另一方面，发展不平衡不充分的问题依然突出，发展质量和效益还有待进一步提高，民生领域仍然还有不少短板，生态环境保护依旧任重而道远，在国际上还面临着极其复杂的外部环境，尤其是在农业农村领域，基础差、底子薄、发展滞后的状况尚未根本改变，我国经济社会发展中最明显的短板仍然在"三农"，现代化建设中最薄弱的环节仍然是农业农村。

为此，以习近平同志为核心的党中央着眼党和国家事业全局，把脱贫攻坚摆在治国理政的突出位置，把脱贫攻坚作为全面建成小康社会的底线任务，组织开展了声势浩大的脱贫攻坚人民战争。党的十八大以来，党中央鲜明提出，全面建成小康社会最艰巨最繁重的任务在农村特别是在贫困地区，没有农村的小康特别是没有贫困地区的小康，就没有全面建成小康社会；强调贫穷不是社会主义，如果贫困地区长期贫困，面貌长期得不到改变，群众生活水平长期得不到明显提高，那就没有体现我国社会主义制度的优越性，那也不是社会主义，必须时不我待抓好脱贫攻坚工作。2012 年底，党的十八大召开后不久，党中央就突出强调，"小康不小康，关键看老乡，关键在贫困的老乡能不能脱贫"，承诺"决不能落下一个贫困地区、一个贫困群众"，拉开了新时代脱贫攻坚的序幕。2013 年，党中央提出精准扶贫理念，创新扶贫工作机制。2015 年，党中央召开扶贫开发工作会议，提出实现脱贫攻坚目标的总体要求，实行扶持对象、项目安排、资金使用、措施到户、因村派人、脱贫成效"六个精准"，实行发展生产、易地搬迁、生态补偿、发展教育、社会保障兜底"五个一批"，发出打赢脱贫攻坚战的总攻令。2017 年，党的十九大把精准脱贫作为三大攻坚战之一进行全面部署，锚定全面建成小康社会目标，聚力攻克深度贫困堡垒，决战决胜脱贫攻坚。2020 年，为有力应对新冠肺炎疫情和特大洪涝灾情带来的影响，党中央要求全党全国以更大的决心、更强的力度，做好"加试题"、打好收官战，信心百倍向着脱贫攻坚的最后胜利进军。8 年来，党和人民披荆斩棘、栉风沐雨，发扬钉钉子精神，敢于啃硬骨头，攻克了一个又一个贫中之贫、坚中之坚，脱贫攻坚取得了重大历史性成就。

在全面打赢脱贫攻坚战的征程中，广大青年不负时代，不负韶华，不负党和人民的殷切期望，积极进取、奋发作为，涌现出一批扎根基层的扶贫干部、甘于奉献的青年扶贫志愿者，更有一大批有志青年扎根农村自主脱贫、带领乡亲增收致富，通过投身创业扶贫伟大事业为脱贫攻坚全局作出积极贡献，充分展现了新时代青年人的志气、骨气和底气。

脱贫攻坚战的全面胜利，标志着我们党在团结带领人民创造美好生活、实现共同富裕的道路上迈出了坚实的一大步。同时，脱贫摘帽不是终点，而是新生活、新奋斗的起点。做好巩固拓展脱贫攻坚成果同乡村振兴有效衔接，全面推进乡村振兴战略实施，是摆在面前的一项新的重要工作。广袤乡村，大有可为。

未来属于青年，希望寄予青年。进军的号角已经吹响，伟大的祖国是最坚强的后盾和最广阔的舞台，伟大事业正在召唤青年奋起前行，广大青年要更加紧密地团结在以习近平同志为核心的党中央周围，扎根乡村创业逐梦，在为推动我国乡村全面振兴，实现第二个百年奋斗目标的伟大实践中作出新的贡献、焕发更加绚丽的青春光彩！

战略安排："青创 10 万 +"助力脱贫攻坚

共青团是党的助手和后备军，党旗所指就是团旗所向。脱贫攻坚是一个宏大的系统工程，涉及的区域范围广、工作领域多，共青团应为、能为的着力点很多。为进一步聚焦重点、集中发力，在系统分析脱贫攻坚深层逻辑和关键点位、深入研究贫困青少年成长路径和现实困难的基础上，团中央决定聚焦学业资助、就业援助、创业扶助工作重点发力。

2018 年 6 月，团的十八大召开，大会报告提出了围绕打好"三大攻坚战"，组织动员青年奋战在前的总体目标。明确提出要深入推进脱贫攻坚青春建功行动，聚焦电商培训、学业资助、就业援助、创业扶持，突出"三区三州"等深度贫困地区，充分发挥希望工程、西部计划等社会资源动员机制作用，做实东西部团组织结对帮扶，落实定点帮扶任务，力争到 2020 年，在建档立卡的贫困人口中资助 10 万名学生完成学业、帮助 10 万名大中专毕业生找工作，同时扶持 10 万名有志青年扎根农村创业。

2018 年 10 月，团中央正式印发《共青团投身打赢脱贫攻坚战三年行动的意见》，要求全团全面贯彻党的十九大和十九届二中、三中全会精神，以习近平新时代中国特色社会主义思想为指导，坚持精准扶贫精准脱贫基本方略，聚焦深度贫困地区和特殊贫困群体，发挥共青团的组织优势和智力优势，主动融入大扶贫工作格局，构建有共青团特色的扶贫工作体系，组织动员各级共青团组织和广大团员青年为打赢脱贫攻坚战、全面建成小康社会作出积极贡献。《意见》明确要重点开展学业就业创业扶贫工作任务，其中，在创业扶助方面，比对分析贫困地区农村青年、返乡入乡青年的就业创业需求，以及共青团提供服务、配置资源的综合能力，提出到 2020 年完成"扶助 10 万名有志青年扎根深度贫困地区创业"的任务目标。

《共青团投身打赢脱贫攻坚战三年行动的意见》为共青团投身打赢脱贫攻坚战确定了总纲领，围绕"扶助 10 万名有志青年扎根深度贫困地区创业"工作任务，"青创 10 万 +"创业扶助项目应运而生。按照团中央总体部署，由中国青年创业就业基金会（以下简称"青创基金会"）在全团牵头组织实施，团中央有关部门单位指导协同，项目实施有关省（区、市）各级团组织共同推进。

团中央印发《共青团投身打赢脱贫攻坚战三年行动的意见》

"青创 10 万 +"项目以 2016 年认定的 832 个国家级贫困县和 33 个省级深度贫困县（共计 865 个县）为重点实施区域，遴选一批具有社会责任感和创业带动能力的农村青年、返乡入乡青年进行重点扶助，围绕"支持专项经费、提供金融服务、开展创业培训、培养创业之星、建立青创组织、广泛凝聚青年、服务基层团建"等主要路径统筹推进各项工作。力争到 2020 年底前，各级共青团组织累计扶持 10 万名有志青年扎根深度贫困地区创业，直接带动至少百万名建档立卡贫困人口增收脱贫。

工作举措：搭建乡村青年创业服务矩阵

在"青创 10 万 +"项目实践中，青创基金会在团中央书记处坚强领导下，协同各有关部门单位，围绕团的工作，按照青年诉求，持续加强项目管理，推动工作重点不断聚焦、分类施策精准高效，加强结果导向与问题导向相结合的过程管理，统筹推进团中央定点扶贫、对口支援民族地区、支持黑龙江共青农场、支持湖北疫后重振及有关扶贫工作，推动高质量完成创业扶助工作目标。

(1) 强化工作体系

根据全团脱贫攻坚统一部署，统筹全团搭建完善工作组织体系。青创基金会将"青创 10 万 +"作为头号政治任务、一号重点项目来抓，成立工作专班、专项办公室等构架，选派工作骨干全面落实各项任务。明确了各级团组织职责，由省级团委对本省份工作负总责，市级团委发挥枢纽节点作用，县级团委作为核心执行力量和工作堡垒，构建完善四级组织化工作体系。同时，各省级团委通过党组会、书记办公会等方式定期研究部署"青创 10 万 +"工作，明确责任部

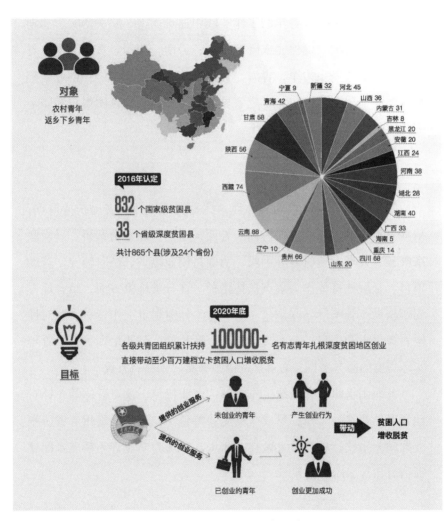

力争到 2020 年底前累计扶持不少于 10 万名有志青年扎根深度
贫困地区创业

门，整合工作资源，并持续加强对地市级、县级团委的工作指导，全面推动工作落实。

各级团组织在决战决胜脱贫攻坚的关键阶段讲政治、顾大局，在引领凝聚服务创业青年的工作实践中迎难而上、坚决落实，如湖北克服疫情影响、确保完成既定目标，云南、四川、贵州等重点省份成为脱贫攻坚主力军，青海、甘肃、宁夏等西部省份在创业基础相对薄弱情况下积极作为、成效显著，均彰显了共青团组织和团干部队伍的政治忠诚和政治担当。

(2) 明确扶持路径

基于创业青年需求的多样性，注重统筹设计，突出扶持重点，精准分类施策。在制定扶持标准方面，基于实地走访调研、日常联系服务、开展专项研究等手段，明确将创业培训、结对辅导、资助项目、金融扶持等作为重点扶持路径。在分类施策方面，结合地方创业扶助工作实际，采取"一省一案"分别制定工作指引，针对性倾斜提供资源项目，分类支持开展金融扶持、创业培训等符合青年实际需要的服务项目，力求扶持措施务实、创新、有效。

各地团组织结合当地工作基础、产业特色、重点群体等，针对性开展创业扶持工作，形成区域优势特色。如云南、贵州等省份积极推动金融扶持项目做大做强，四川、重庆为创业青年精准匹配导师结对和常态巡诊服务等。

(3) 保障资源供给

在强化经费保障方面，青创基金会设立专项资金，累计向地方各级团组织和重点贫困地区团组织拨付现金、实物、金融借款等共计 12163.66 万元。其中现金 5513.4 万元，包括支持团组织专项培训和服务经费 1935 万元，直接资助青创项目经费 933 万元，支持县级团委专项工作经费和县级团委自主网络募捐经费 1736.4 万元，统筹支持山西定点扶贫、黑龙江共青农场、湖北疫后重振、援疆等重点地区和项目扶贫经费 1391 万元（分类支持和重点地区定向支持中有 482 万元重合）；捐赠创业培训课程、金融资讯软件账号等实物（折现价值）1620.26 万元；向 8 省份借款青年创业贷款风险补偿金等 5030 万元。

在争取社会创服资源方面，先后与行业龙头企业、金融机构、创服机构、高校科研院所等 10 余家大型机构达成务实合作。争取宝成集团、伊利集团、碧桂园集团等合作企业专项资金，争取知投资本、东方财富公司创业培训课程等实物资源；联合财政部下属国家农担公司开展大额农业贷款担保金融合作，与北京大学创业训练营举办线上线下中国青年创业大讲堂，与字节跳动扶贫举办新媒体公益培训，争取让正保教育集团开放共享优质创业慕课资源。

各地团组织积极承接资源项目，多渠道筹措配套工作经费，支持组织凝聚、智力支持、金融扶持、市场拓展、典型选树等创服工作开展，进一步扩大项目影响力和服务实效。

（4）加强督导服务

加强对地方团组织的督导服务是落实推进"青创 10 万 +"项目的基本做法之一。青创基金会作为牵头单位，常态化深入贫困地区联系推动工作，建立联络员精准对接服务机制，同时联合专业机构开展调查研究。一方面，基金会累计赴 20 个省份 53 个贫困县实地调研，通过走访、考察、召开座谈会等方式，与地方团组织共同研究推进工作。2020 年 5 月，为积极应对新冠肺炎疫情带来的不利影响和考察青年留乡创业的实际情况，支持推动各地团组织如期完成工作目标，基金会分派 4 个工作组分别对云南、四川、贵州、广西、湖北等 19 个省份 35 个贫困县开展了为期 1 个月的深入走访调研，进一步加强分类指导，匹配资源支持，突出扶持重点。另一方面，选派工作骨干担任联络员，确保各项目实施省份均有专人联络服务，定期召开联络员工作会议，协同省级团委责任部门做好日常工作解答、资金资源下沉、扶持项目落地等服务工作。此外，联合恒大研究院、中国农业大学成立课题组，开展问卷调查，进行实地调研，形成并发布《中国青年创业发展报告（2020）》《中国青年创业发展报告——贫困地区专项》等成果，为各级团组织开展"青创 10 万 +"工作提供智力支撑。

地方各级团组织聚焦"青创 10 万 +"工作挂图作战，除面上推动、层层分解、定期督导外，普遍聚焦重点区域，并依托项目推进、活动落地等契机，分赴项目实施市县实地联系推进工作，取得积极成效。

（5）强化舆论引导

宣传发动、舆论引导也是强化"青创 10 万 +"政治成效的重要手段。"青创 10 万 +"项目自启动以来，以"共青团助力青创脱贫行动"等为主题，依托各类平台载体宣传传播人次破亿，在创业扶助工作中传递了团的声音。依托全国性平台进行展示宣传，"青创 10 万 +"项目 2019 年、2020 年连续两年作为"全国大众创业万众创新活动周"团中央主题展示项目，并纳入共青团网络扶贫展示，在中国青年创新创业交流会等活动中集中展示宣传，入选联合国经济和社会事务部"联合国可持续发展目标"最佳案例，参评 2020 年全国脱贫攻坚奖，主责处室参选全国农民工工作先进集体。

加强与主流传统媒体合作，对金融扶持、创业培训、创业研究、

"青创10万+"2019年、2020年连续两年作为"全国大众创业万众创新活动周"团中央主题展示项目

"团团送你一封家乡明信片"网络募捐宣传项目触达45万余人次，为县域青年创业扶贫工作募集经费800余万元

创业宣传等工作进行报道宣传；以"青年返乡创业助力脱贫攻坚"为主题，联合湖南卫视《天天向上》节目组制作 2019 年五四特辑，全团遴选农村创业青年典型参与节目录制，节目观看和二次传播人次达 1.6 亿，并聘请知名艺人代表担任"'青创 10 万 +' 公益推广大使"，在创业青年中引起较好反响。各级团组织依托微信、微博、H5、小程序等形式载体常态化开展项目宣传等。争取团中央"两微"对"青创 10 万 +"工作进行宣传支持；依托 H5 载体设计开发"青创 10 万 +"联合劝募公益项目，营造社会力量支持家乡创业扶贫工作的强大声势，为县级团委搭建线上工作经费募集平台，社会爱心力量累计参与捐赠 45180 人次，宣传触达 45 万余人次，壮大了共青团创业扶持工作的舆论传播声势。

初步成效：高质量完成创业扶助项目

三年来，在团中央书记处的高位推动和直接指挥下，各级团组织以高度的政治自觉，共同努力把三个"10 万"的政治承诺变成了"看得见、摸得着"的政治成果，"青创 10 万 +"创业扶贫项目逐步成为共青团扶贫的硬核项目、一线品牌。

截至 2020 年底，创业扶助项目完成率达到 156.2%。"青创 10 万 +"项目实施期间，累计推动支持全国 758 个贫困县成立团属青年创业组织；联系扶持 15.62 万名青年扎根贫困地区创业（40 岁及以下 13.47 万人，35 岁及以下 10.9 万人、35 至 40 岁间 2.57 万人，另有 40 岁以上 2.15 万人接受过团的创业帮扶），其中，创业培训 11.79 万人，金融扶持 3.1 万人，导师结对 4500 余人，电商直播带货等其他创业扶持 1.24 万人，有效带动青年就业创业和建档立卡贫困人口增收脱贫；累计向各地特别是重点贫困地区团组织拨付资金、实物、金融借款

"青创 10 万 +"入选联合国经济和社会事务部"联合国可持续发展目标"最佳案例

等1.21亿元。"青创10万+"相关各项工作均实现了预期目标，发挥了共青团组织的独特优势，增强了贫困地区青年的内生动力和创业能力，为脱贫攻坚和乡村振兴中心工作作出了共青团应有的贡献，产生了积极社会影响，彰显了共青团组织的影响力，高质量完成了团十八大作出的重大决策部署任务。

再多的成绩都已属于过去，新的征程就在脚下。乡村兴则国家兴，乡村衰则国家衰。实施脱贫攻坚和乡村振兴战略，是解决新时代我国社会主要矛盾、实现第二个百年奋斗目标和中华民族伟大复兴中国梦的必然要求，具有重大现实意义和深远历史意义。2021年7月，习近平总书记在庆祝中国共产党成立100周年大会上庄严宣告：我国脱贫攻坚战取得了全面胜利，现行标准下9899万农村贫困人口全部脱贫，832个贫困县全部摘帽，12.8万个贫困村全部出列，区域性整体贫困得到解决，完成了消除绝对贫困的艰巨任务，创造了又一个彪炳史册的人间奇迹！习近平总书记同时强调，脱贫摘帽不是终点，而是新生活、新奋斗的起点，解决发展不平衡不充分问题、缩小城乡区域发展差距、实现人的全面发展和全体人民共同富裕仍然任重道远，我们要切实做好巩固拓展脱贫攻坚成果同乡村振兴有效衔接各项工作，让脱贫基础更加稳固、成效更可持续。

习近平总书记关于巩固拓展脱贫攻坚成果同乡村振兴有效衔接的系列重要指示，为共青团开展工作提供了根本遵循。当前，"三农"工作重心正在发生历史性转移，在这一重要进程中把握大背景、融入大格局，需要正确看待共青团投身脱贫攻坚和参与乡村振兴的关系，将工作对象从局部转向全域，工作要求从保底线转向全面提升，工作方式从攻坚战转向持久战；也要正确看待远景规划蓝图与近期目标任务的关系，既要看长远、着眼于2035年远景目标来思考工作，也要抓眼前、着力谋划好"十四五"时期的头几年工作，以促进人才振兴为重点深化推进乡村振兴青春建功行动。

　　下一步，围绕乡村振兴阶段的创业扶助工作，各级团组织应当牢牢把握为党育人的根本，围绕中心、服务大局，深化实施"乡村振兴青春建功行动"，持续巩固和深化"青创 10 万 +"各项机制成果，继续紧紧围绕培育青年创业者和孵化创新型项目做文章，持续优化升级组织、智力、金融、平台等扶持手段，全面提升创业服务能力水平，更加突出政治成果转化，推动服务青年创新创业工作迈上新台阶，进一步提升共青团组织的引领力、组织力、服务力和大局贡献度。

第二章　创业扶贫的"组合拳"

经验来自一线，基层最有创造。各级团组织在"青创 10 万 +"项目推进中，积极探索、勇于创新，形成创业扶贫工作的"组合拳"，为共青团扶持青年扎根农村建功立业奠定了坚实基础。经过系统梳理，组织凝聚、智力支持、金融扶持、市场拓展、典型选树可被视为其中最有效的五记"重拳"。

建立县域青创组织

习近平总书记指出，"抓好党建促脱贫攻坚，是贫困地区脱贫致富的重要经验"，并强调"要把夯实农村基层党组织同脱贫攻坚有机结合起来"。党有号召，团有行动，新时代团的基层建设如何同脱贫攻坚有机结合，是摆在共青团面前的一道重要考题。

2018 年 10 月，团中央印发《共青团投身打赢脱贫攻坚战三年行动的意见》，明确提出要"发挥共青团的组织优势和智力优势，主动融入大扶贫工作格局……切实加强贫困地区基层团建，构建有共青团特色的扶贫工作体系，组织动员各级共青团组织和广大团员青年为打赢脱贫攻坚战、全面建成小康社会作出积极贡献"。发挥共青团的组织优势，关键一招就是推进县域团属青年社会组织建设，这也是团中央推动共青团基层组织改革的一项重大工作部署。

2020 年 5 月，团中央办公厅印发《县级团属青年社会组织建设工作方案》，明确"县级团属青年社会组织，是县域内由共青团组织发起成立或主管，以青少年为主体的社会组织。建设县级团属青年社会组织，是新时代创新团的基层组织形态，充实团的基层组织功能，提升团的组织力、引领力、服务力和大局贡献度的重要要求。通过县级团属青年社会组织建设，逐步构建县域团属青年社会组织与团的基层组织有效互动的基层组织格局，为增强共青团引领凝聚青年和联系服务青年能力拓展组织依托"。

"青创 10 万 +"项目自启动以来，就将组织建设作为基础扶持路径，推动在全国 865 个国家级贫困县和省级深度贫困县优先成立创业就业类县级团属青年社会组织（以下简称"县级团属青创组织"）。县级团属青创组织以"育人"为核心，以服务本地青年创业就业为宗旨，依托由县级团委为主导的青年企业家协会、青年创业协会、青年商会、农村青年致富带头人协会、农村青年电子商务协会、地方产业青年协会等各类服务引领青年创业就业的协会组织，吸纳凝聚本地创业者、行业产业青年、创业导师及产业园区、孵化器、合作社等各类市场主体成为组织会员，广泛聚合各类创业要素，成为共青团在基层服务青年创业就业的重要载体。

截至 2020 年底，青创基金会联合项目实施地各级团组织，通过组织发动、资金支持、示范引导等方式，支持、推动全国 758 个项目实施贫困县成立县级团属青创组织，共计吸纳会员 6.7 万人，重点面向组织成员提供创业服务，并将其他受扶持青年及时纳入组织。在此基础上，各级团组织积极推动非贫困县成立团属青创组织，结合乡村振兴工作逐步推动全国范围成立县级青创组织，依托组织覆盖实现对创业青年的政治引领和凝聚服务。同时，根据团中央《县级团属青年社会组织建设工作方案》要求，各级团组织动态把握组织建设及运行服务情况，发掘培育一批扎根贫困地区创业的优秀青年成为县域团属青创组织乃至基层团组织的骨干力量，确保组织始终沿着正确的方向建设和发展，推动基层团组织和团属青创组织有机协同。

在支持成立组织、规范组织建设的基础上，发挥团属基金会、协会组织等在社会化资源筹措方面的优势，为组织围绕服务青年创业就业、助力脱贫攻坚及乡村振兴等开展活动提供资源支持，青创基金会向组织直接拨付工作经费、培训经费近 3300 万元，直接资助 395 个组织成员青创项目经费 933 万元，向组织及其成员捐赠创业培训账号、金融资讯产品等实物资源折合约 1620 万元，部分省级团委也积极配套资金资源，支持组织建设及服务开展。联合各级团组织重点依托组织向扎根农村创业青年提供创业培训、导师结对、金融扶持、市场拓展等服务，并共同探索组织持续活跃和作用发挥机制。

从组织建设成效看，团的基层组织格局得到优化更新，县域内初步形成基层团组织、团属青创组织和"青年之家"有机协同的基层组织体系；团的基层组织力得到活跃提升，全团将县域团属青创组织纳入团的工作体系，探索扁平化、网格化联系服务模式，支持其建立社会化、多样化的运行机制，积极促进县域团属青创组织发展；团的基层组织功能得到有效拓展，各地普遍把县域团属青创组织作为动员广大有志青年在社会领域发挥生力军作用的重要载体，引导支持组织充分融入团的工作，积极参与脱贫攻坚和青年创业就业等重点工作，在服务大局中贡献力量、彰显价值。县域团属青创组织的建设完善，推动了团的基层组织形态创新，提高了组织覆盖和工作覆盖，拓展了基层共青团工作力量来源。

在组织建设工作实践中，各级团组织因地制宜在组织覆盖、规范建设、运行活跃等方面积极探索创新，形成了一些有益经验。

在组织体系搭建方面，部分地区依托既有工作基础，迅速贯通了各级青创组织体系。如团江西省委推动在省、市、县三级成立组织，层级化打造全省青创组织体系，依托组织开展赛事、孵化、培训、评选、宣传等综合性工作，构建辐射全省全要素、链条式的青创工作体系，形成全省青创工作生态链，有效扩大团组织服务基层创业青年的覆盖面。在此基础上，积极指导推动各级组织吸纳会员，重点加强对贫困县的联系服务，并依托驻外团工委、省外赣籍学子团工委，广泛动员有志青年回乡干事创业。

在组织会员吸纳方面，各地团组织充分发挥共青团的组织优势和社会动员优势，依托"青创 10 万 +"等工作契机，将既往同创业青年之间松散的、"一次性"的联系组织化、常态化。如团山东省鄄城县委通过主动对接各乡镇团委及县农委、科技局、商业局等有关部门单位，结合摸底走访等手段，迅速吸纳了一批本地优秀创业青年成为该县青创组织的基础会员，并依托组织服务活动和会员圈，吸引凝聚相关行业领域创业青年，不断壮大组织规模，将这些青年有效"攒"起来。

在组织机制完善方面，各地县级团属青创组织的主要负责人普遍由主管县级团组织提名，经理事会等组织执行机构选举产生，报主管县级团组织批准同意后任职生效。"青创 10 万 +"项目多地调研走访发现，组织负责人是组织建设质量提升服务的关键要素，特别是在组织成立初期，对组织壮大、规范建设、活跃运行发挥着重要作用，政治可靠、具备一定组织管理能力、热心公益事务、具有奉献精神、在当地青年中有一定认同度和凝聚力的负责人往往能带领组织迅速迈入正轨，在团组织周围凝聚形成青年合力。各地组织的秘书处等日常办事机构主要以县级团委或协会的专职工作人员为主体，以挂职、兼职工作人员和志愿者为补充，秘书长由县级团委负责同志或专职干部担任。随着"银团合作"工作的持续巩固深入，各地团组织广泛吸纳金融干部到贫困县团委挂职，担任县级团属青创组织副秘书长等职务，助力当地开展农村青年创业金融服务工作，进一步为组织会员对接项目资源、资金资源等提供便利。

在激发组织活力方面，各地团组织将县域团属青创组织工作与共青团工作协同推进，依托"青年之家"、青年创业园区、青年创业孵化基地等工作平台和服务阵地，持续为组织注入政治资源、组织资源和社会资源，倾斜创业就业项目活动、资金资源，引导组织结合自身优势，围绕创业扶贫工作发挥作用，不仅较好满足了基层创业青年抱"团"取暖的需求，也有效调动了基层创业青年的自主性和创造力，帮助他们更好扎根贫困地区创业奋斗，进而实现了共青团为党育人和服务大局的统一。如山东共青团通过联建共建等形式，打造启迪之星孵化器、莘县电子产业园、曹县e裳小镇青创街区等青年创新创业孵化平台，配套综合服务大厅、公共会议室、住宿餐饮等基础设施，为县域团属青创组织提供政策、培训、金融、孵化

青海省共和县青创组织会员赴青海青年创业园观摩学习

等系列项目资源，为入驻的组织会员企业提供全方位、集约化的公共服务，助力青年返乡干事创业。

在组织技术支持方面，强化"青创 10 万 +"技术保障，定位打造创业扶贫工作管理平台、创业服务数据统计平台、创业资源配置平台和创业青年互动平台，为各级团组织、县域团属青创组织开展青年创业就业服务工作提供便捷的信息化工作平台，为创业青年提供系统的线上创业服务，青创基金会联合专业团队建设运营"创青春云平台"。截至 2021 年底，平台累计注册 8.31 万人、服务机构 3100 余家、展示项目 1.77 万个，已实现县级组织会员注册、项目展示、活动发布、创业慕课、导师结对、创客风采、青创朋友圈、互动交流、扶贫团干、服务信息及扶持档案记载等功能。下一步，将更加突出"创青春云平台"服务功能，打造团属青年创业就业线上综合服务平台，强化运营管理，更好服务组织建设。

提供创业智力支持

2016 年，《光明日报》的一篇人才时评鲜明指出，"创新是创业的本质特征。无创新的创业，是低层次创业，很难有持久的生命力……创新的产生，取决于每个人或核心团队依靠知识和经验积累起来的想法和意图"。创业和创新的辩证关系，昭示了一个道理：即持久的创业，不仅是基于社会需求的模式创新、技术创新，更是创业者的自我革新。创业有一定的门槛，需要创业者具备较强的决心、恒心，同时也需其深耕行业，具备发现新需求或使得成本显著降低的商业敏感度，并利用这些特质和相应资源去迎接创业过程所面临的各项挑战，这对于创业者尤其是初创者可谓巨大挑战。帮助青年解决好他们在创新创业方面的操心事、烦心事，切实提升青年创新创业智力服务的能力水平，共青团势在必行。

近年来，伴随我国宏观经济转型和国家政策引领，返乡创业渐成趋势。据中国农业农村部网站消息，预计 2020 年返乡入乡创业创新人员 1010 万，比上年增加 160 多万，首次超过 1000 万，而 2016 年全国返乡创业人数仅为 480 余万。在返乡入乡创业创新人员中，农民工、中高等院校毕业生、退役士兵等青年返乡人员是重要主体，他们同农村创业致富带头人等青年在乡人员共同成为扎根农村和贫困地区创业的主力军。如何应对日趋增长的农村创业青年、返乡留乡创业青年缺乏商业经验、技术等问题，成为共青团组织亟须重视并善加解决的工作。聚焦扎根贫困地区创业青年的智力支持需求，共青团在青年创业服务实践中，逐渐形成了以培训辅导、导师结对、创业研究为主要抓手的青年创业智力支持体系。

(1) 创业培训

创业培训是共青团开展青年创业服务的主要手段之一。为切实推动青年创业培训务实、高效开展，"青创 10 万 +"项目实施以来，地方各级团组织积极争取党政扶贫资源和专项培训项目、承接上级团组织培训服务经费和示范性培训项目、广泛募集社会捐赠支持，自主或联合有关党政部门、社会服务机构等，根据广大扎根贫困地区创业青年现实需求，重点依托团属阵地和平台，因地制宜开展各类线下线上创业培训项目。2018 年 10 月至 2020 年底，全团累计举办创业培训 2800 余场，共计扶持青年 11.79 万人。

在培训力量方面，地方各级团组织主要通过党政部门、上级团组织协调邀请创业导师，积极组建团属创业导师队伍，对接购买高校、社会服务机构的导师服务，联系对接企业家、学者专家、致富带头人等获取优质导师资源。在此基础上，部分省份完善团属创业导师团建设，依托团属品牌创业服务项目，以"金融＋导师"等形式推动创业导师向基层下沉，在精准服务青年和实现导师自我价值的平衡方面探索形成了有益经验。

"青创 10 万 ＋"中国青年创业大讲堂在江西省赣州市举办

在培训课程方面，各地创业培训课程体系主要涉及政治理论、宏观形势及重点政策、创业者精神、企业管理、创业实战经营等理论和实战内容。在此基础上，各地团组织还普遍结合地区政策重心、特色产业、创业青年需求等定制课程，其中，实用技能、农业技术、电商创业、品牌打造、乡村文旅等主题是重点。如团贵州省委组织开展"多彩贵州·创在乡土"助力脱贫攻坚技能培训班，联合培训学校面向全省重点地区开展为期 1 至 3 个月的以挖掘机、装载机、汽修、电工、电焊工、中式烹调、家政服务等专业为主要内容的免费技能培训，由贵州各地团组织在当地招收学员；同时，结合市场需求和青年需要，引入了料理定制培训和月嫂家政定制等新型技能培训，2016 年至 2020 年底，组织开展各类培训 12 期，培训 6800 余人。团海南省琼中县委结合乡村旅游经济，推出民宿技能服务培训；团海南省白沙县委为推广本县青年项目，推出品牌打造训练营；此外，海南省其他贫困县还开展了包括种植养殖技术、中式烹饪、网络直播营销、电商营销等各类创业培训。

在培训形式方面，各地主要结合了集中授课、论坛沙龙、实地考察、现场指导等多种方式，部分省份在此基础上进一步探索创新。如团四川省委开展的"乡村伙伴计划"农村青年人才振兴工程集中培训项目，在总结过往农村青年培训路径方式基础上，变"吃大锅饭"为"开小灶"，变"填鸭式培训"为"陪伴式培育"，形成"分段式学习＋实地培训教学＋导师跟踪指导"的递进培养模式，采取"团建活动＋实地调研＋创业论坛"的培训方式，为贫困地区创业青年搭建了与农村创业专家、农村青年致富带头人的沟通交流平台。

四川省农村青年电商培训（凉山）示范班在会理县举办

在线上培训方面，为拓展服务覆盖面、提升培训灵活度、节约培训成本，特别是应对新冠肺炎疫情对线下活动开展带来的不利影响，各级团组织探索搭建线上平台开展线上创业培训。2019 年，青创基金会联合团云南省委、字节跳动扶贫联合举办"助力扶贫，青年上头条"线上公益新媒体培训，118 位学员顺利毕业，其中 30 位优秀学员认证为今日头条优质三农创作者、字节跳动扶贫达人；联合北京大学创业训练营、正保教育集团等创业服务机构在"创青春云平台"免费开放共享优质创业慕课百余节；协调知投资本为贫困地区捐赠线上创业培训课程账号近 6 万套；2020 年，依托中国青年创业导师团、联合北京大学创业训练营等专业力量，举办"'青创 10 万 +'中国青年创业云讲堂"示范性品牌培训，在新冠肺炎疫情影响下，根据基层创业青年需求定制"宏观形势""新电商""现代农业""企业管理""金融"等专题培训课程，线上培训 5 期共 28 节课，累计培训万余人次。各地团组织积极争取培训资源，团四川省委联合中国慈善联合会开展农村青年创业网络培训服务行动，为近 2 万名贫困地区

中国青年创业就业基金会联合北京大学创业训练营推出"青创 10 万 +"中国青年创业云讲堂

农村青年免费开展政策解读、创业知识、实用技能等方面网络培训。

(2) 结对辅导

相较于创业培训，结对辅导以其精准、持续、理论与实战结合紧密等特征，更受广大创业青年的青睐。结对辅导，核心在于创业导师，关键是依托导师的持续跟踪指导和支持，帮助青年增强创业意识、提升创业技能、拓宽创业视野、获取创业资源、解决创业难题。

早在本世纪初，共青团开展青年创业服务工作就明确要为青年创业者提供"一对一"导师辅导，各级共青团组织积极发挥组织优势和社会动员优势，开始广泛吸纳成功的企业家、投资人、专家学者、行业带头人、青创组织负责人、青年创业典型等，组建创业导师队伍。2016年，团中央正式成立中国青年创业导师团，专注为创

近 1300 名全国级青年创业导师为创业青年保驾护航

业青年提供智力支持、资源支撑和公益服务，截至 2021 年 7 月，经吸纳、梳理、退出等程序，全国级青年创业导师队伍动态优化至1300 余人，成为共青团服务青年创新创业的重要工作手臂。

"青创 10 万 +"项目实施期间，地方各级团组织分层推进，以本级团属导师队伍为主体，以中国青年创业导师团为补充，累计为4500 余名贫困县创业青年提供导师结对辅导服务。在结对辅导的组织形式上，各地系统化、机制化的匹配结对相对较少，结合团内赛事、培训、金融等品牌服务项目活动，针对特定群体的小规模精准结对相对较多。典型如川渝两地团组织依托"四川青年创业促进计划""未来企业家培养青锋计划"等以金融扶持为主体的综合性青年创业服务项目，配套提供导师一对一辅导、项目评审、项目巡诊等服务；多地积极依托"创青春"系列赛事活动，为入选的创新创业项目负责人现场匹配对接导师，提供项目咨询、赛事辅导等服务，得到创业青年的积极评价。

山西省青年创业就业服务中心举办导师结对活动

在此基础上，为完善全团创业导师结对机制，2021 年，由团中央青年发展部牵头，青创基金会协同配合，按照"坚持基层导向、坚持精准服务、坚持有效对接"的工作原则和"精准对接、分层落实、动态调整"的工作思路，推进各级青年创业导师同县域团属青创组织和创业青年直接对接，依托各级团组织品牌创业服务项目深化结对服务，定期或根据基层工作实际调整青年创业导师结对方案，探索"自下而上"与"自上而下"相结合，以需求为导向的匹配对接机制。

（3）创业研究

在创业培训和结对辅导之外，为强化青年创业者和各级团组织对国内创业形势、政策、现状、未来等情况的宏观把握，青创基金会联合中国劳动和社会保障科学研究院、中国农业大学、恒大研究院等专业机构成立课题组，梳理创业理论政策，开展问卷调查，进行实地调研，形成并发布《中国青年创业发展评估报告（2018）》《中国青年创业发展报告——贫困地区专项》《中国青年创业发展报告（2020）》等研究成果，系列研究持续开展，并每年面向社会公开发布。其中，2018 年至 2019 年开展的贫困地区青年创业专项研究，较为系统地总结了贫困地区青年创业基本情况，梳理政府部门、共青团组织等支持青年创业的主要措施及效果，探讨促进青年创业的基本策略，并为进一步落实和完善现有服务资源和政策支持提供了对策建议，对青年创业者扎根贫困地区创业及共青团组织围绕脱贫攻坚、乡村振兴工作大局提供创业服务均有一定的指导意义。

强化金融扶持

资金困难普遍被认为是青年创业路上的第一"拦路虎"，此种

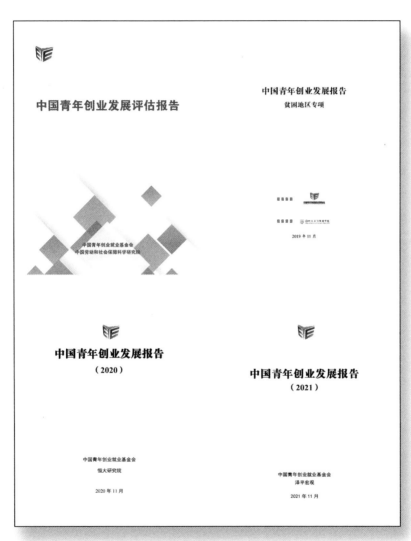

《中国青年创业发展报告》系列研究

情况在农村贫困地区尤甚。青创基金会的调查研究显示，我国贫困地区近 2/3 的创业青年在获取创业资金时异常困难，他们的创业资金的主要来源是个人和家庭积累。"青创 10 万 +"项目赴各地调研走访了解到，农村创业青年普遍具有不同程度的融资需求，但此类需求远未得到满足。在债权融资方面，政策信息不对称、抵押物缺乏、放贷额度低、成本高、流程烦琐等是主因。在股权融资方面，众多涉农创业项目特别是直接从事农业生产类的项目具有较为明显的周期性、脆弱性、同质性，在规模化和模式创新方面相对落后，难以获得投资机构的青睐。

资本天然的逐利性使得农村青年创业项目融资十分困难，共青团要切实帮助扎根贫困地区创业有志青年解决融资难题，就必须审慎提出可行的解决方案。在打赢脱贫攻坚战三年行动中，各级团组织牢牢把握住脱贫攻坚这个大局，充分发挥共青团的组织体系优势，重点以"公益 + 金融"手段破解创业企业的融资难、融资贵难题，初步实现了创业青年、团组织和金融机构的多赢局面，构建形成了有共青团特色的金融扶贫工作品牌。"青创 10 万 +"统计数据显示，2018 年 10 月至 2020 年底，全团累计直接资助 1600 余个青创项目近5400 万元，各级团组织联合金融机构，累计为 3.08 万个贫困地区青创项目提供贷（借）款支持 56.29 亿元，为缓解创业青年资金难题贡献了积极力量。

在扶持方式方面，聚焦创业企业的不同发展阶段和诉求，共青团主要提供了三类解决方案：即争取社会资金进行公益资助支持，深化"银团合作"提供债权融资服务，搭建投融资桥梁对接股权融资机会。

(1) 公益资助

以荣誉激励、示范引导为主要出发点，聚焦各地具有区域产业特色、创业模式做法成熟可复制、带动就业和贫困户增收脱贫成效显著、典型示范作用明显的优秀青年涉农创业项目及农村青年非涉农创业项目，由青创基金会广泛争取社会捐赠、列支公益资金，联合各级团组织并重点依托县级团属青创组织进行遴选，根据每个项目实际情况提供平均10万元以下的公益小额资助，将扶持项目统一纳入扶持项目库，配套提供组织支持、金融支持、智力支持、平台支持等针对性、常态化的综合服务。同时，为符合标准的项目负责人授予相关荣誉称号，推荐参评"中国青年创业奖""全国农村青年致富带头人"（2021年后更名为"全国乡村振兴青年先锋"）等奖项，积极组织媒体报道宣传，切实培养一批青年创业先锋，以榜样的力量引领更多青年在投身打赢脱贫攻坚战和乡村振兴战略中建功立业。

2018年10月至2020年底，全团累计资助贫困地区1600余个青创项目近5400万元，吸纳带动青年就业万余人，资助项目类型以一

图四川省阿坝州委为创业青年发放专项扶持资金

产、三产、电商创业为主,创业青年主体为青年农牧民、高校毕业生、退役军人等。其中,青创基金会直接资助 22 个省份遴选的 395 个贫困地区青创项目(涉及 864 名创业青年)933 万元;部分省市级团组织积极争取党政支持,发挥团属基金会、协会等组织在社会资源募集方面的优势,通过赛事选拔、专家评审、实地调研、重点支持等手段遴选产生一批贫困地区优秀青年创业项目,为项目提供小额资金支持及其他创业服务。

(2)债权融资:小额贷款

聚焦初创期农村青年创业项目,以发挥团属资金杠杆撬动作用、保持公益资金循环可持续为切入点,由青创基金会以提供风险补偿金借款的方式,联合省市级团委开展小额贷款合作,省市级团委按照一定比例配套资金并共担风险,撬动地方金融机构以适当杠杆放大贷款额,为创业青年提供低息、小额、短期的创业贷款服务。部分地区如四川、重庆的小额免息借款项目较为成熟,在实际执行中主要依托团组织体系,依靠财政资金、自有资金提供免息借款服务。在此基础上,鼓励、引导小额贷款项目落地省份的市、县级团委积极争取财政配套资金和社会资金,投入用于项目担保、贴息和工作运行开展等,进一步强化小额贷款项目的延续性和竞争力。

2018 年 10 月至 2020 年底,青创基金会累计为重庆、山西、贵州、河北、广西、四川、内蒙古、湖北等 8 省份提供金融风险补偿金借款等共 5030 万元,为缓解创业企业启动资金难题作出积极贡献。

从合作省份放贷情况看,在小额贷款产品设计方面,单笔贷款金额在 1 至 30 万元之间,平均放贷年限 1 至 3 年,为保证项目的公益性和竞争力,各地利率水平普遍维持在 LPR 上浮不超过 50%。其中,河北、广西柳州执行 LPR,山西、湖北争取到财政贴息,四川、重庆执行免息借款，重庆在免息借款项目外同时开展小额贷款项目，争取到财政贴息、优惠担保费率并承担一定比例的担保费用；部分地区还依托特定信用体系实行免抵押、免担保政策。此外，争取金融机构为团组织推荐的青年提供贷款快速审批"绿色通道"等举措也成为小额贷款项目"标配"。

在放贷对象方面，放贷对象主体为县级团属青创组织会员（非会员在放贷后及时吸纳为会员），重点向各地返乡创业农民工、高校毕业生、退复军人等群体和各地区特色产业倾斜，鼓励受贷青年带动青年就业和建档立卡贫困户增收脱贫，2020 年底前要求合作省份确保贫困地区放贷项目数占总项目数 50% 以上，并向具备放贷条件的建档立卡贫困户创业青年倾斜。

在风险防控方面，在持续夯实"银团合作"工作基础上，各地主要通过与农商银行、农信社、邮储银行等网点服务下沉的金融机

湖南省宜章县青年创业协会获得县农商银行整体金融授信 2 亿元

构合作，以强化对创业项目的风险把控。多地还因地制宜探索出担保公司担保、青年互保、自然人保证、村干部担保等多种贷款担保方式。在工作实践中，四川通过完善项目申报审核全流程严把项目关，重庆以 1 年期、重复申请的形式严控坏账风险，山西组织相关部门和农业专家推动规模化生产、产业化帮扶，并为受贷人提供多种类型的保险兜底等，均为"银团合作"模式巩固持续贡献了解决方案。

在应对新冠肺炎疫情方面，部分省份针对性推出相应产品和政策，如团湖北省委发起"湖北共青团助力疫后重振专项行动"，联合省人社厅、财政厅、人民银行、农信社等单位推进湖北"青创贷"，争取财政贴息贷款，为受疫情影响的创业青年和小微企业解决流动资金不足问题，截至 2021 年 6 月，首期"青创贷"实施 5 个多月已为全省 679 个青年创业项目、小微企业发放金融扶持贷款 1.5 亿元，广受当地青年欢迎。团广西区委 2020 年以来通过广西金融团工委、广西北部湾银行团委推出青创系列金融产品，帮扶青年创业者抗击疫情、复工复产；会同自治区强化金融信贷资金支持工作专班成员单位举办青年创新创业政金企融资对接座谈会，开展广西金融系统青年"驰援实体企业"活动等。

除团中央层面主导开展的小额贷款项目，长期以来，各项目实施省份团组织也因地制宜自主开展了小额贷款项目，较为典型的如：

云南共青团联合就业、教育、市场监管（工商联）、工会、妇联等部门实施"贷免扶补"等项目，由团组织及其他六部门推荐项目，担保机构提供担保，经办银行放款，财政部门贴息，并有专项财政补助经费支持省、市、县三级团组织推进此项工作。自 2009 年至2020 年底，累计帮助 16.6 万名青年获得贷款，协助金融机构发放贷款 139.04 亿元。其中，2019、2020 年在全省 88 个贫困县共发放贷款25.79 亿元，扶持创业青年 18042 人。

重庆共青团于 2011 年起实施"未来企业家培养青锋计划"项目，为创业青年提供小额创业资金，配备"一对一"专家辅导，并给予创业咨询、创业培训、资源对接等帮扶。根据实施单位募集资金渠道不同，采用"青锋借款"和"青锋贷款"两种实施方式，其中，"青锋借款"由实施单位自筹项目资金，征集、评审创业项目并发放创业资金，重庆市青年创新创业基金会按比例匹配项目资金；"青锋贷款"由实施单位征集、评审创业项目，并对按时偿还全部本金和利息的创业青年贴息，重庆市小微企业融资担保公司对创业项目担保，邮储银行对创业项目发放创业服务资金，重庆市青年创新创业基金会支付一定比例的担保费。2019 年至 2021 年，累计发放创业资金 2723 万元，为 259 名创业青年提供创业帮扶资金，支持 40 个区县团委开展创业面对面、创业工作坊、创业巡诊等活动 554 场次，培训辅导创业青年 15324 人次。

山东共青团联合省委组织部等部门依托"村村都有好青年"选培计划选树青年典型，联合省农商银行系统等推出"乡村好青年贷"项目，由各级"乡村好青年"提出贷款申请，银行系统开放信用、保证、抵质押等多种担保方式，提供短期优惠利率贷款和优先授信放款服务。项目在前期多地试点基础上，于 2020 年 3 月正式启动，截至 7 月，各级团组织联合多家金融机构为"乡村好青年"发放贷款 27.6 亿元。

此外，安徽共青团联合省发改委、省财政厅实施的皖北地区青年创业贷款财政贴息项目，青海共青团联合扶贫开发局、邮储银行实施的青春创业扶贫行动贷款项目等也在当地取得了积极成效。

(3) 债权融资：大额贷款担保

聚焦发展期农村青年创业项目，以提供大额、优惠、便捷的担保贷款服务为着力点，青创基金会与财政部下属国家农业信贷担保联盟有限责任公司（以下简称"国家农担公司"）达成战略合作，联合开展大额农业贷款担保合作，充分利用共青团系统组织优势和农担体系的政策优势，推动建立各地团组织和地方农担系统的紧密协作网络，由团组织遴选推荐青年涉农创业项目，农担公司为符合放贷标准的项目提供优惠费率的大额贷款担保服务。支持规模方面，单户在保余额控制在 10—200 万元之间，对适合大规模农业机械化作业的地区可适当放宽限额至 300 万元；辐射面广、带动力强、与农户利益联结紧密的农业产业化龙头企业，以及实施农田基础设施等提高粮食生产能力的项目，单个经营主体在保余额不得超过 1000 万元。青创基金会并可结合各地工作实际，为有需求的省市级团委提供纾困基金、风险补偿金借款等支持。

此项合作于 2019 年初启动试点，2020 年已由试点阶段进入重点推广阶段。截至 2021 年底，已在江苏、湖南、浙江、青海、黑龙江、云南、山西、山东、重庆 9 个省份开展实质业务，累计提供贷款担保 8880 笔，担保金额逾 42.49 亿元，在保 30.88 亿元，在保

中国青年农业创业金融扶持专项计划（大额农业贷款担保项目）启动

6614 笔。"青创 10 万 +"项目收官后，依托"团担"合作体系，进一步为受过共青团扶持的脱贫县创业青年对接后续金融服务。

在工作实践中，各地团组织与农担公司精诚合作、积极探索"团担"合作模式，持续优化扶持青年农业创业专项担保产品。

一是明确目标客户群体，精准定位支持。如江苏"新农菁英贷"产品主要针对青年职业农民、返乡创业大学生、农村致富带头人三类群体，可从当地"新农菁英"人才库中选取，也可为基层团委推荐的非人才库客户。

二是优选合作银行，开发专项担保产品。如团浙江省委联合浙江省农担公司、浙江省农信联社等单位，开发"浙里担·青农贷"担保产品，为便于创业青年业务办理，将农村网络体系全、准入门槛低、审批放款快、对农业创业项目情况熟悉的全省 70 多家农商银行确定为合作银行，由浙江省农信联社牵头，浙江农担公司采用统一协议标准、批量进行签约的方式，在较短时间内完成了与农商行的协议签订。

三是出台优惠政策，降低门槛，加大支持力度。在各地具体表现为：降低担保费率，体现"团担"合作政策优势；降低银行贷款利率、积极争取贴息支持；降低反担保要求，尽量采用信用反担保，提高贷款额度，切实提高青年农业创业贷款可得性；个性化设置还款方式，随借随还，提高青年创业融资需求的匹配度，降低融资成本等。

四是优化审批流程，充分发挥"团担银"三方各自优势，强化尽调把关，各省级农担公司不断优化审批流程，通过分级分类审查提升效率。

（4）股权融资

聚焦青年创业企业更高层次融资需要，2016 年起，团中央联合中国证券业协会发起中国青年创新创业板，为广大青年创业者打造天使投资聚集、融资门槛较低、挂牌效率较高的专属资本市场。

此外，团中央层面还依托中国青年创业投资人俱乐部等创业枢纽型组织和人才社群，广泛汇聚国内创投领域具有影响力并密切关注初创企业发展的一线投资人和投资机构，围绕共青团各类品牌创业服务项目，集中开展投融资对接活动，定期举办项目路演活动等，服务青年创新创业。但是总体上，现阶段获投项目还主要聚集在前沿科技、先进制造、文化娱乐等领域，少部分获投涉农项目以专注农产品精深加工的产业化企业为主，占比也较低。

(5) 小结

鉴于共青团对接股权融资服务对涉农青年创业项目的帮扶覆盖面还比较有限，以下重点结合公益资助、债券融资方式归纳金融扶持项目的模式特点：

一是突出青创项目培育。将共青团直接培育青年创业项目作为扩大创业服务覆盖面、提升青年创业成功率、凝聚服务青年创新创业人才、完善共青团服务青年创业就业体系的重要抓手。以小额公益资助突出典型示范引导，建立完善青创项目库，以金融贷款扶持提供适度普惠金融服务，缓解各地青年创业资金短缺难题，并聚焦服务青年创业项目配套提供针对性的培训辅导等其他创业扶持。

二是明确银团工作分工。在金融贷款方面，共青团充分发挥组织体系和社会动员优势，积极协调有关部门和金融机构等各相关方，切实做好政治引领和思想宣传工作，具体负责组织发动宣传、贷前遴选推荐、贷后项目效益评估等工作，在让创业青年得到实惠的同时，切实抓好思想引领；金融机构提供专业服务及优惠政策，具体负责资格审核、评估授信、风险控制、贷款发放和债务追讨等。

三是发挥青创组织作用。注重发挥县级团属青创组织的服务作用，由其在县级团委统一领导和组织下，发挥主动性和专业性，向上级团组织和金融机构等推荐有资金需求的青年创业项目。同时，依托组织实现对创业青年的组织凝聚，在项目具体遴选推荐中，给予组织中创业青年会员重点倾斜，非会员扶持对象在受贷（资助）后及时吸纳发展为组织会员。积极将组织建设成为凝聚当地产业发展的枢纽平台，推动实现产业集群、资源优化，提高扶持项目的成功率。

四是注重导师培训指导。依托中国青年创业导师和地方各级导师力量，建立完善各级创业导师体系，通过机制化的结对指导提供长期陪伴式跟踪服务，举办创业培训及其他青创服务项目活动，为创业青年提供专业化、精准化的智力扶持，提升青年创业能力，助力提升青年创业成功率。

五是强调创业带动效果。注重发挥贷款、资助对象的带动能力，优先推荐青年合伙创业以及带动就业、脱贫成效明显的青年创业项目，以创业带动就业，确保项目发挥社会效益。

助力市场对接拓展

"青创10万+"扶持数据和实地调研情况显示，贫困地区青年创业项目以一产、三产、电商创业为主，多数创业项目直接或间接参与了当地优势特色农产品的生产、加工和销售，家庭休闲农业、观光农业等新业态也逐步涌现。受贫困地区地理条件弱、基础设施差、本地市场有限等多种因素制约，市场渠道的有效拓展，成为扎根贫困地区创业青年的主要诉求之一。基于上述背景，各级团组织充分发挥共青团的组织优势、智力优势和社会动员优势，通过深化青年电商培育工程、多渠道拓宽农产品营销渠道、广泛争取社会资源等方式，助力创业青年对接拓展市场。

(1) 青年电商培育

按照团中央关于深化青年电商培育工程的总体部署，各级团组织积极推进电商扶贫工作，围绕培育孵化贫困地区青年电商创业人才这一核心，系统提供培训、考察、金融、赛事、见习等服务，推动建立电商产业孵化园区基地，积极对接主流电商平台，探索打造团属线上青年电商平台，联通线下线上，助力电商直播带货，取得积极成效。据不完全统计，2020 年团的各级组织开展网络活动销售扶贫产品超过 10 亿元。

团山东省菏泽市委联合市商务局及有关机构，实施"小荷直播"青年电商赋能计划，整合各类社会资源建立青年电商直播创业园区，

团辽宁省委举办"青创 10 万 + 好物进万家"电商助农直播活动

培育青年电商直播达人，挖掘乡村好青年、青年企业家、青创组织成员等群体代言优质农特产品，聘任大衣哥朱之文、祁隆等12人为"小荷直播"公益达人，对接抖音等主要直播电商平台，建立天华电商产业园、大集舞衣等4处"小荷直播"孵化基地，运营"小荷直播"抖音官方账号，拥有粉丝20.4万人，形成直播带货经济的规模效应，有效助力当地创业扶贫工作。

团云南省委线上开通运营"青创云品"商城，2020年疫情期间，商城通过项目平台帮助青创企业和青年实现用工和就业需求对接，积极助力企业复工复产；培养打造以"云南小花""滇西小哥"等为

中国青年创业就业基金会、团云南省委与字节跳动扶贫联合实施"助力扶贫青年上头条"电商创业培训项目

代表的一批云南电商直播销售优秀创业青年；举办"天猫全球·云南绿色食品品牌招商会"，协助 80 余家企业申报入驻天猫商城，在天猫、拼多多、有赞、抖音等电商平台开设"青创云品"旗舰店。通过青创产品消费扶贫、项目招商、导师入驻等形式全年扶持创业青年 116 人，入库创业导师 30 余人，入库创业项目 40 余个，年总销售额达 4800 余万元。

团湖南省委积极对接各大销售平台，与中国邮政邮乐网、邮乐小店联合设立"新农人小湘"湖南省农特产品专区，通过"新农人小湘"直播为贫困地区农产品带货。结合返乡创业青年需求，提升"新农人小湘"农产品流通效率，将"直播实训"与"直播带货"相结合，发力直播带货，打造"新农人小湘"湖南农村青年致富带头人农特产品名片，让农产品"最初一公里"和"最后一公里"直连对接，帮助农特产品实现从传统零售业态向全渠道业态转型。湖南各级团组织还在苏宁易购线下开展扶贫专区宣传、筹建线上专区，积极对接抖音、芒果扶贫云超市，联合开展青年电商直播助力扶贫活动，着力解决贫困县青创产品销售"无门无路"难题，对接抖音和湖南大众传媒职业技术学院，开发录制短视频＋直播课程，对全省 40 个国家级贫困县实施全覆盖电商培训，帮助农村创业青年系统学习电商运营、普及电商创业意识、强化电商创业能力，帮助更多农村创业青年、农产品"走上"电商平台，拓宽农产品销售渠道，开展消费扶贫活动。

团甘肃省委推进开展"青春扶贫·能量助农"消费扶贫网络直播系列活动，在宕昌、临夏、武威等地举办 11 场省级示范活动，线上观看量达 2100 万人次，累计线上销售各类农产品 4367 万元。举办"百名网红·我为家乡代言"抖音短视频大赛，抖音话题"百名网红 代言家乡"已发布展示甘肃特色农产品、自然风光、风土人情、脱贫新貌等方面的视频 4508 个，累计观看播放量 7996 万人次，头条相关话题阅读量超 1000 万人次，得到中央电视台等主流媒体专题报道，在全国形成了良好的示范效应和社会影响。

(2) 多渠道拓展农产品营销渠道

在农产品营销渠道拓展方面，各地团组织主动融入大扶贫工作格局，联合党政部门单位，推动批发市场、电商企业、大型超市等农业流通企业与贫困地区青创企业建立长期稳定的产销关系，设立贫困地区农产品销售专区、专档、专柜和电商扶贫频道；对接电商企业建设服务站点，共建青年创业示范园区、电商产业园区等；开展贫困地区农产品定向直供直销活动，推进团组织体系"以购代捐"。贫困地区团组织主动依托东西部扶贫协作、对口支援和中央单位定点扶贫机制，争取发达地区和有关部门单位项目资源，通过开展农特产品展示推介会、建立域外农特产品直营店、跨区域"农超对接"、消费扶贫及联合电商带货等手段拓展当地名特农产品营销渠道。

为积极响应国家发展改革委、共青团中央等 15 个部门联合发出的《动员全社会力量共同参与消费扶贫的倡议》，中国青年企业家协会和中国农村青年致富带头人协会发起"中国青年企业家助力脱贫攻坚主题活动"，面向团中央定点扶贫县——山西灵丘县、石楼县，组织倡导青年企业家积极参与消费扶贫的主题活动。活动上，来自全国各地的 350 多名青年企业家现场认购灵丘县、石楼县农产品达 900.47 万元。

团山东省委举办东西扶贫协作优品嘉年华——农产品产销对接会，开展特色消费扶贫活动，活动以"产销精准对接，助力消费扶贫"为主题，聚焦湖南湘西、贵州安顺、甘肃陇南、宁夏固原、新疆喀什和山东临沂、菏泽，设置八大特色展厅，集中展销各地特色农优产品，同时在苏宁易购开设"鲁青扶贫馆"，邀请直播电商（网红）、知名代言人现场带货，吸引90多家企业、360余种优质农产品参展。活动期间，多渠道向社会各界推送《产品名录》，发布"爱心企业"招募令，共成交4552.94万元，其中，临沂6个贫困县成交300万元，菏泽9个贫困县成交102万元。

团四川省委依托"青创商城"积极开展促销活动，利用团省委官方微信号"天府新青年"推出专题助农促销6次，针对逐梦计划推出"逐梦贴心礼包"，针对捐资助学推出"爱心礼包"，针对志愿四川推出"志愿者贴心礼包"，针对节日推出"企业福利礼包"等，探索"以购代捐""定点销售""组织采购"等与各类企业、集团客户产品需求供给对接的新路径，为贫困地区创业青年农产品拓宽销路。

团广西区委依托县级团属青创组织建设加强服务覆盖，县级组织逐渐成为拓宽扶贫农产品销售渠道的重要载体，如百色市田阳区青创联盟组织12家青创会员企业、农场分别与南山区酒店餐饮行业协会等企业和平台签订意向采购协议，总额近1.5亿元；2019年1月至2020年底累计销售农产品133万余件，总销售额约6650万元，受益增收贫困户1532户。

选树青年创业典型

选树创业典型与榜样，讲好青年创业故事，是帮助贫困地区广大创业青年和群众转变旧观念、接受新思想，增强创业脱贫的信心和斗志、提升"青创10万+"项目政治成效的重要手段。"青创10万+"项目启动以来，各级团组织结合青年创业扶贫工作实际，广泛凝聚服务扎根贫困地区创业的有志青年，依托各类平台载体，以"共青团助力青创脱贫行动"等为主题，总结推广青年脱贫典型，宣传表彰其自强不息、脱贫致富的先进事迹，用身边人身边事示范带动贫困群众，取得良好社会效应。

在评选表彰方面，2019年，由共青团中央、人力资源社会保障部联合开展的第十届"中国青年创业奖"评选表彰活动，在传统奖项名额外，专设"中国青年创业奖脱贫攻坚特别奖"，授予6名扎根农村、服务农民、投身脱贫攻坚事业的优秀青年创业者。由共青团中央和农业农村部联合开展的第十一届"全国农村青年致富带头人"评选表彰活动，共产生10名"全国农村青年致富带头人标兵"和318名"全国农村青年致富带头人"。他们中有扎根农村，深耕传统产业、深挖附加值的新型种植大户、养殖场主；有辞去高薪、带领乡亲走上脱贫致富路的返乡创业青年；有开发市场新需求、发扬光大民族特色手工业的农村青年；有践行"绿水青山就是金山银山"发展理念、致力于打造美好田园的驻村第一书记，充分展现了广大有志青年立足"三农"、成长成才、建功立业的青春奋进精神。2020年，团中央选树第24届"中国青年五四奖章"脱贫攻坚领域典型7名、"向上向善"扶贫济困好青年34名，将20多名奋战在脱贫攻坚第一线的优秀青年发展为第十三届全国青联委员。

在媒体宣传方面，各级团组织充分运用主流传统媒体平台和团属新媒体矩阵，开展了形式多样的典型选树和宣传报道活动。青创基金会以"青年返乡创业助力脱贫攻坚"为主题，联合湖南卫视《天天向上》节目组制作2019年五四特辑，全团遴选10余名农村创业青年典型参与节目录制，讲述创业历程、宣传创业项目、推介特色产品，节目观看和二次传播人次达1.6亿，在创业青年中引发较好反响。2021年全国两会期间，青创基金会联合中华儿女报刊社推出"乡村振兴与青年使命"系列报道，集中宣传了10名农村青年创业典型的创业故事，展现乡村振兴新征程上不同地区、不同业态创业者的历程与思考。团安徽省委联合省农业农村厅认定了一批农村青年致富带头人，出版《青春建功新时代——"徽土地"上的青年电商》一书，对全省农村青年电商创业典型进行挖掘、宣传、选树，充分展现了农村青年电商在创业过程中的风采，有效激励农村有志青年返乡创业带头致富。团西藏自治区委支持配合自治区文联，在《格桑花盛开的地方》西藏当代报告文学集中，列"青春斗"一章，专门宣传介绍了自治区一批青年创新创业典型。"青创 10 万 +"项目实施期间，各级团组织还依托微信、微博、H5、小程序等形式载体常态化开展典型宣传等，青创基金会争取团中央"两微"、中青报、中青网等对优秀农村创业者项目事迹进行报道，并在共青团网络扶贫展示中予以呈现。

在榜样作用发挥方面，依托事迹宣讲、培训交流、赛事论坛等项目活动平台，组织青年创业典型为广大农村创业者提供智力支持。团中央结合五四青年节、国家扶贫日等重要节点，邀请脱贫攻坚先进青年典型通过网络直播、青年讲师谈、青年大讲堂、青年夜校等方式开展分享宣讲，用自强不息、脱贫致富的先进事迹激发贫困地区群众奋斗不息、改变命运的志向和动力。团四川省委邀请全国农村青年致富带头人标兵、省农村青年致富带头人分会会长吴艳在中国青年创业大讲堂上分享创业故事，邀请第六届全国"创青春"大赛农业农村组银奖得主青川县创业青年王淑娟在"青春助力乡村振兴"主题论坛上作专题交流，推荐阿坝州九寨沟创业青年周强、甘露、张居悦作为少数民族地区的创业青年代表参加 2019 年全国大众创业万众创新活动周主题展示。

总体上，选树青年创业典型，既是对扎根贫困地区创业有志青年的激励，也是为了发挥其示范引领作用，通过宣传他们自立自强、热血奉献、带领群众脱贫致富奔小康的事迹，引导激励更多有志青年和基层群众投身创业脱贫伟大事业。通过发挥他们在创业脱贫事业中的"领头雁"作用，凝聚服务更多本地有志青年，贡献更多精力、经验、资源等，帮助他们更好投入创业工作。在各级团组织的主导下，大力开展青年典型选树活动，有助于营造全社会支持青年返乡创业扶贫的良好氛围，壮大共青团创业扶持工作的舆论传播声势，进一步强化"青创10万+"的政治成效，并可为团组织服务青年创业就业进一步拓展工作力量来源，实现多赢局面。

第三章　青年画像与路径启示

"雄关漫道真如铁，而今迈步从头越"。"青创 10 万 +"项目已阶段性告一段落，但服务青年扎根广袤乡村创业奋斗的工作正在路上。本章旨在总结经验、承继创新的基础上，进一步深化共青团创业扶助工作，适应新形势、新要求，以期在巩固拓展脱贫攻坚成果、全面推进乡村振兴的伟大实践中展现新作为、彰显新担当。

乡村创业青年特征与需求

经过各级共青团的共同努力，"青创 10 万 +"项目在促进青年发展、助力脱贫攻坚方面取得了一定成绩。然而，农村经济社会发展的复杂性与青年创业活动的脆弱性，决定了广大青年在扎根农村创业的同时，仍然面临风险大、失败率高、资金筹集困难、创业能力不足、外部支持不够等多方面的困难与挑战。为了更好赋能贫困地区有志青年，助力乡村振兴战略深入实施，共青团亟须依托既有创业扶贫工作，进一步精确掌握创业青年核心特征、创业领域、创业目的、创业手段等，为下步青年创业扶持工作提供参考。

为夯实"青创 10 万 +"项目研究支撑，2018 年 10 月至 2019 年 9 月，青创基金会联合中国农业大学成立课题组，开展贫困地区青年创业专项研究。对贫困地区青年创业发展状况的问卷调查、案例研究等有关研究分析成果显示，青年已经成为贫困地区发展最具活力的中坚力量，在引领乡村产业发展、带动农民脱贫致富、激发农民内生发展动力、探索乡村振兴新路径、建立稳定脱贫长效机制等方面已经开始发挥积极作用。其创业活动主要具有以下特征：

（1）掌握青年创业特征为精确赋能青年奠定基础

——有在外学习、工作经历的青年是农村创业主体力量

"青创 10 万 +" 贫困地区青年创业发展状况问卷调查显示，创业青年中返乡大学生、农民工、企事业单位人员、退役军人比例达65.3%，而传统农民比例仅为 24.7%，75.3% 创业青年具有在外学习或工作的经历。在乡村振兴战略、国家创新创业政策支持下，越来越多掌握新知识、新能力、新经验的有志青年正在返回家乡艰苦创业，成为贫困地区人才振兴、产业振兴的主力军。在外学习和工作的经验拓展了他们的视野，提高了他们的科学文化素质，帮助他们掌握了新知识、新观点和新能力，使他们了解了外部的市场、需求、技术、机制，为其返乡创业奠定了重要的理论与实践基础。

青年创业前身份分布情况

	百分比	累计百分比
A 传统农民	24.7%	24.7%
B 进城务工人员	20.6%	45.3%
G 大学应届毕业生	13.4%	58.8%
E 企事业单位在职人员	13.0%	71.8%
D 在校大学生	8.9%	80.7%
F 中学中专应届毕业生	6.1%	86.8%
H 城市待业人员	5.9%	92.6%

	百分比	累计百分比
C 退役军人	5.0%	97.6%
I 其他	2.4%	100.0%

——追求更高个人与社会价值是农村青年创业的主要目标

问卷调查显示，为了追求更大价值与成就而非简单满足个人生存的机会型创业类型占比为 62.3%。其中，19.9% 创业青年追求更大人生价值与理想、不断挑战自我，16.1% 创业青年为了回馈社会，15.6% 创业青年为了获得更多声誉和影响力，10.7% 创业青年为了满足个人爱好。主要为了养家糊口、解决基本就业问题的生存型创业类型占比仅为 36.8%。该调查结果表明，当前青年创业与过往部分学者提出的农民生产经营行为基于生存理性、农民创业主要是生存性创业的观点已经有较大区别。受访青年机会型创业占比接近 70%，说明贫困地区有志青年创业有了更大的抱负和更高的目标追求。

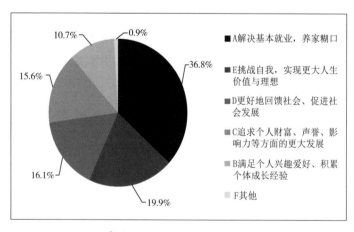

青年创业原因与目标追求

——农业产业领域的创新及其延伸、融合是农村青年创业主要领域

问卷调查显示，贫困地区青年创业 29.9% 选择在第一产业，36.2% 选择在第三产业，14.9% 选择在第二产业，18.8% 选择在一、二、三融合产业。即便在第一产业，他们也绝大多数是选择特种、规模、设施种植养殖的高附加值行业，特色种植业、特色养殖业、规模种植业、规模养殖业、设施农业在第一产业青年创业中的比例分别为 11.6%、11.6%、20.4%、24.3%、4.4%，以上五者比例之和高达 72.4%。在第二产业中，农产品加工业占 43.4%，接近第二产业的一半，另有民俗民族工艺产业占比 18.2%，与农业和乡村相关第二产业占比超过 6 成。在第三产业中和农业、乡村相关的产业包括休闲农业和乡村旅游、农产品流通业、农业社会化服务，它们占第三产业比重分别为 14.8%、20.9%、8.7%，三者之和为 44.4%。从青年创业产业领域总体分布看，与农业、农村相关产业占比为 77.9%，接近八成。

调查表明，农业仍然是贫困地区青年创业的重要产业基础，但青年创业并不固守在传统农业，而是积极投入现代农业，向二、三产业延伸，迈向一、二、三产业融合发展的新业态。农业产业的创新、延伸和融合发展是贫困地区青年创业领域的主要选择，它延长农业产业链，提升农产品附加值，开拓了贫困地区农村产业发展的新方向新领域，在当地农业供给侧结构性改革、脱贫攻坚、乡村振兴实践中发挥重要引领作用。随着党和国家对"三农"的持续重点关注和政策倾斜，城乡融合发展步伐加快，城乡居民生活水平显著提高，农村交通、通信等基础设施条件大大改善，这些都为青年投身现代农业创业奠定了重要基础、提供了优越条件。

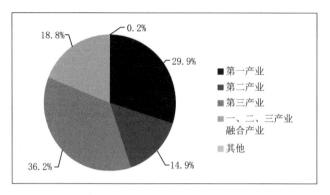

青年创业领域总体分布情况

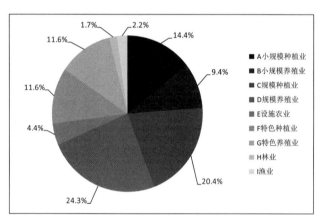

青年创业第一产业领域内部分布情况

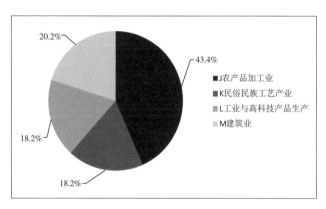

青年创业第二产业领域内部分布情况

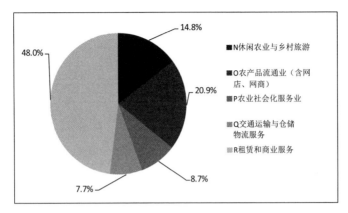

青年创业第三产业领域内部分布情况

——新型农业经营主体是农村青年创业主要组织形式

问卷调查显示，以个体工商户、家庭农场、专业合作社、企业或公司以及农技协会等新型农业经营主体组织形式进行创业的青年比例为 74.9%，新型农业经营主体成为贫困地区青年创业最重要的载体。该结果也表明，青年是我国贫困农村地区新型农业经营主体发展的重要人才支撑力量。以自然人个体经营、依托集体组织等形式进行创业的青年占 25.1%，在创业青年中仍具一定的比例，他们更像是单枪匹马闯天下，在全球化激烈市场竞争中处于更加不利的地位，创业过程更加艰难，需要创业者具备更大的勇气。

——现代互联网信息新技术是乡村青年创业的重要手段

互联网信息技术促进生产、流通、消费方式发生彻底变革，在极大提升产业效率的同时，也大大促进了一、二、三产业的融合发展与创新。在乡村振兴背景下，互联网信息技术是农村青年创业的重要工具和手段，"互联网＋"产业发展已成为农村产业发展的新趋势。问卷调查显示，78.4% 的贫困地区农村创业青年认为互联网信息技术在其创业活动中发挥了重要作用，是他们创新、延伸、融合传统农业产业的核心工具，以及帮助他们从农业及其相关产业获取更多经济收益的重要手段。能够有效利用互联网信息技术，是这部分创业青年相较于其他农村青年的突出优势，也是他们能够从农业及其相关产业获取更多收益的重要原因。利用互联网的技术促进创业各要素、各部分和各环节的充分互联互通和交流对接，降低成本提高效率，利用互联网思维创造出新的生产经营模式和价值创造链条，正在成为当前信息化条件下我国青年创业的重要发展趋势。

手机、网络、大数据、电子商务等互联网信息技术在创业中发挥的作用

	百分比
A 完全没有用互联网技术	8.5%
B 用了一点点互联网技术，有没有无所谓	23.1%
C 互联网技术是创业的一种手段，发挥了较大作用	45.5%
D 互联网技术是创业核心手段，发挥了关键作用	22.9%
合计	100.0%

——有效契合城乡融合发展新需求是农村青年创业发展重要趋势

问卷调查表明，贫困地区青年创业从多个方面契合了城乡融合发展的新需求。从创业主体构成看，具有在城市学习、工作经验的新青年是创业青年的主体力量，占到70%—80%的比例，他们同时具备城乡学习、工作、生活经验和知识观念，了解城乡各自资源优势与不足、需求与供给、运作机制与逻辑，在促进城乡融合发展方面具有天然优势。从创业领域选择看，大部分创业青年选择了农业创新、延伸及融合产业，创业基础是良好生态环境、特色农业资源、丰富劳动力和较低生产成本等乡村优势资源要素，创业目标是更好地满足城市多样化、高质量、生态安全的农产品需求和休闲娱乐需求，同时从中获取更多经济收益并促进当地社会、文化、生态和农民自身的全面发展。以乡村休闲旅游和民俗民族手工艺传承两个领域的青年创业为例，两个产业领域的青年创业比例虽然不高，分别仅占 5.9% 和 3.8%，但很好地利用了贫困地区乡村独特的自然生态、民族文化、历史遗迹等优势资源，一方面满足了城市居民休闲旅游、文化体验的新需求，另一方面也更好地开发利用了本地优势资源，为当地产业兴旺、生态宜居、文化传承与创新发挥了重要促进作用，对于当地生态文明、乡村文化建设和农民文化自信心提升、农村生活环境改善均具有重要意义。从创业手段看，接近 70% 的青年将互联网信息技术作为他们创业的重要手段，而互联网信息技术具有公平、高效、低成本沟通城乡供给与需求的天然技术优势。此外，从创业地点选择看，60.9% 的创业青年将创业地点确定在连接城乡的重要结点——县乡级别。总体上看，贫困地区青年创业适应了城乡融合发展的多方面需求，有助于促进城乡生产要素的合理流动、优化组合和城乡居民的互利共赢、成果共享，推进城乡的深度融合发展。

青年创业地点行政区域级别分布

	百分比
A 地市级城市	6.2%
B 县级城市	44.6%
C 乡镇政府所在地	16.3%
D 村庄所在地	32.1%
E 其他	0.8%
合计	100.0%

(2) 新时期农村青年创业面临的主要障碍

尽管在当前经济转型、产业结构优化升级的新阶段，农村产业融合发展为农村青年创业带来了广阔发展空间和众多发展机遇，广大入乡在乡青年已经成为农村经济社会发展的重要主体，但是，农村青年创业依然面临着很多问题与挑战，正确认识并解决这些问题与挑战是精准支持农村青年创业的重要前提。"青创 10 万 +"工作实践和调查研究表明，青年扎根贫困农村地区创业主要面临以下四个方面的障碍。

——风险大、失败率高

调查显示，从创业动机看，贫困地区虽有 62.3% 的青年在创业时有了更高的目标追求，但仍有 36.8% 的青年创业是生存型创业，主要是为解决基本就业和养家糊口生存需求而不得不创业。与全球青年和全国青年创业动机情况相比，生存型创业类型比例仍然偏高。从创业经历看，经历过一次创业失败正在进行二次创业的创业青年比例为 36.5%，经历过一次以上创业失败正在进行 3 次及以上创业的创业青年比例为 27.5%；最近一次创业持续时间超过 3 年的创业青年比例仅为 42.8%。从创业风险看，分别有 65.4%、57.7%、39.9%、35.2%、25.9%、5.3% 的创业青年认为在农村创业时面临着经济风险、自然风险、政策风险、技术风险、社会风险和其他风险。由于大多数青年创业领域仍然与农业密切相关，并处于小规模经营、与消费者需求距离较远、经济体系相对不完善的乡村大环境中，贫困地区的青年创业者面临着比城市青年创业者更多的市场风险和自然风险。从创业支持需求看，分别有 49.0%、45.0%、36.3%、34.4%、33.8%、33.1% 的创业青年在期望政府开设青年创业教育与培训、进行创业成长指导、协助联系专家与技术研发推广人员提供农业技术咨询与支持、提供免费或低租办公场所、提供创业财政补贴与贷款优惠政策支持减免创业企业税费、改善交通水电通信市场等基础设施条件、协助进行贫困社区沟通、社区传播与社会组织协调工作等方面具有强烈的支持需求。从创业结果看，63.5% 创业青年经过创业后只是赚了一点、仅仅能够满足生活需要，13.5% 创业青年未亏本也未赚钱，5.2% 创业青年亏本，仅有 17.7% 创业青年赚得比较多或非常多。以上结果表明，贫困地区青年创业面临更加严峻的创业环境和条件，创业风险更大，创业失败率较高，且创业收获相对较少，创业需要更大的勇气和更加坚韧的意志。

——资金筹集困难

2019 年，全国农村居民人均可支配收入为 16021 元，贫困地区居民人均可支配收入更是低于这一水平。与之相对应的是，贫困地区青年创业投入资金在 5 万元以下的占 9.4%，20 万以上的占 62%，其中需要投入资金在 50 万元以上的占 44.4%，创业资金投入规模不小，在没有外部资金支持的情况下，贫困地区青年创业资金的筹集更为困难。从创业资金获取难度和渠道看，66.0% 的创业青年表示获取创业资金困难或非常困难，超过 70% 的创业青年投入资金主要来源于个人或家庭积累，获得银行贷款的不足 40%，获得政府扶贫资金的不足 20%，获得政府财政资金和共青团资金支持的不到 10%。缺乏创业投入资金是制约贫困地区青年创业的重要因素。

——缺乏与外部市场机制对接创业能力

接受调查的创业团队仅有创始人 1 人的占 16.4%，拥有 4 人以上的团队占 44.9%，团队规模不到 4 人的达 55.1%。25.1% 的创业青年认为自己缺乏管理经验与组织运行能力；49.0% 的创业青年表示需要开设青年创业教育与培训，进行创业成长指导；45.0% 的创业青年表示需要政府协助联系专家与技术研发推广人员，提供农业技术咨询与支持。创业是一项复杂而又涉及面广的工作，不仅需要创业者具备良好的现代经营管理、市场开拓、技术创新、团队建设等方面能力，且需要强大的资源整合与投入能力，小规模企业通常难以与全球化的跨国高科技企业进行竞争。贫困地区的创业青年，由于交通、信息等环境因素，总体受教育程度相对较低，资金投入相对较少，对外部市场、机制、管理方式的了解相对有限，与外部市场机制对接更加困难。

——难以发现商机和进行深入准备

创业机会是成功创业的必备条件。调查显示，虽有 49% 的创业青年对当前创业的商业机会保持乐观态度，认为商业机会较多或非常多，但仍有近 51% 的创业青年对当前创业的商业机会保持谨慎态度，认为当前商业机会少或者不好说，其中 5.1% 的青年创业者持特别悲观态度，认为商业机会非常少。虽然 77% 的创业青年在创业前期学习了相关知识，61.4% 的青年在创业前期进行了市场调研，54.1% 的青年在创业前对相关政策有了较为深入的了解，37% 的青年在创业前期咨询过有关政府部门和筹集创业资金，但是，贫困地区创业青年在制定商业计划、请相关专家或成功人士进行论证、组建创业团队及在小范围内进行创业实验等方面准备严重不足，还有 3% 创业青年在创业前期没有做任何相关准备。以上数据表明，贫困地区创业青年对创业准备还不够充分，缺乏深入与细致的调查与研判，在寻找商业机会、制定商业计划、进行创业论证、组建创业团队等方面存在较大障碍。

"青创 10 万 +"经验与挑战

(1) 工作经验

——聚焦服务青年，创业促进脱贫

基于对过往共青团参与产业扶贫、创业就业、人才振兴工作的系统总结，"青创 10 万 +"项目不直接面向建档立卡贫困户开展扶持，而是采取间接扶持的方式，聚焦培育扎根贫困地区创业青年和青年创业项目，充分发挥创业企业的辐射带动作用，以创业促进就业，带动建档立卡贫困人口增收脱贫。截至 2020 年底，全团已累计扶持扎根贫困地区创业青年 15.62 万人，吸纳就业带动增收过百万人。"青创 10 万 +"问卷调查数据显示，受访青年创业活动中吸纳建档立卡贫困户 10 户以上的占比 31.3%。

各级团组织在创业扶贫工作实践中，逐渐形成一些有效的创业带动脱贫模式。

一是特色产业带动，引导创业青年积极参与地方优势产业发展，领办农业合作社、家庭农场、扶贫车间等，提供就业岗位，带动有劳动力的贫困人口就业创业。"青创 10 万 +"实地调研了解到，政府主导兴建扶贫就业车间，往往给予参与此项工作的创业项目租金减免等系列政策优惠，创业项目在享受优惠的同时需吸纳一定比例的建档立卡贫困户就业，从而实现了支持青年返乡创业和带动就业脱贫的双赢局面。如山东省菏泽市多地乡镇精准扶贫就业车间，在当地政府和有关企业的帮助下从事假发生产、工艺品制作、衣帽加工等具备比较优势的产业，吸纳了一批本地村民特别是妇女、中老年人就近灵活就业，既有助于其照顾家庭，也可让他们在农事外获得一部分劳务收入补贴家用。

二是园区基地带动，引导有实力的创业青年创办创业园、龙头企业，建立产业基地，吸纳贫困劳动力就业，带动贫困户增收。如河南省兰考县堌阳镇水驿村创业青年曲庆辉，大学毕业后回乡当起职业农民，采取了"企业 + 合作社 + 基地 + 养殖户"模式，流转当地贫困户土地，并在当地政府支持下，创建了养殖产业园区，利用科普教育、文化餐饮延伸植桑养蚕产业链条，将本村全部贫困户和剩余劳动力纳入，还吸引邻村贫困户，每人每年平均增收 5000 元以上。

三是利益联结带动，通过完善创业企业与贫困户联动发展的利益联结机制，推进股份合作、订单帮扶、生产托管等有效做法，实现贫困户与现代农业发展有机衔接，进一步降低贫困户创业投入、促进脱贫增收。"青创 10 万 +"调查数据显示，80.3% 的受访建档立卡贫困户以劳动力投入的方式参与青年创业活动，此种方式既满足了企业雇工需求，也为贫困户就地就近就业增收提供了平台；32.1%的贫困户投入集体土地用于企业生产建设，通过收取租金增收，或以土地入股，实现"资源变资产""资金变股金""农民变股东"。此外，部分企业通过向贫困户提供种子、幼崽、工具等生产资料，配套技术、管理、指导等服务，并以适当价格回收其产品，一些企业还为贫困户员工提供适当的额外工作补贴，助力贫困户增收脱贫。

——弘扬创业精神，实现志智双扶

按照团中央志智双扶工作思路，讲好创业故事，发挥"青创 10 万 +"项目扶志及扶智成效。

一是各级团组织面向贫困地区、民族地区开展创业宣讲，弘扬创业精神、讲解创业政策、带去项目资源，帮助当地创业青年和贫困群众转变旧观念、接受新思想，增强创业脱贫信心和斗志，便捷获取政策资源。2018 年 11 月起，团中央用一个多月时间，分片区在河南省郑州市、山西省太原市、云南省昆明市、四川省成都市等地集中举办了 4 期"深度贫困地区青年发展与扶贫工作研讨培训班"，专门组织分布在 24 个省份的 865 个国家级贫困县和省级深度贫困县团委书记参加培训，系统对"青创 10 万 +"等全团重点扶贫工作作出部署、深入讲解。各贫困县团委负责同志回到工作岗位后，普遍通过座谈分享、政策宣讲、培训交流及相关活动，向本地创业青年代表传导共青团服务青年创业扶贫的有关精神、系列举措和项目资源，助力青年在共青团的引领下增长志气、提升本领，增强内生动力。

二是针对性开展理论培训、技能培训、电商培训、产业化培训、结对巡诊等各类智力扶持活动，引导各级团组织将创业导师资源向基层和贫困地区倾斜，帮助创业青年提升创业能力。为创业青年提供智力服务，是共青团组织体系优势和智力优势的集中体现。共青团多年以来的创业扶助工作经验显示，以创业导师为核心的"一对一"结对指导、项目巡诊及有针对性、高水平、常态化的创业培训是帮助青年创业成功的关键手段。2017 年，团中央在整合原有双创服务类组织的基础上，正式成立中国青年创业联盟。联盟以"育人"为核心，以服务青年创新创业为宗旨，通过资源整合、工作融合、力量聚合，广泛联络创业青年和各类创业要素，致力于打造线上活跃、互动频繁、资源共享、联系紧密的青年创业人才社群和共青团服务青年创新创业的枢纽型组织。截至 2020 年底，中国青年创业导师团、中国青年创业投资人俱乐部、中国青年创业园区联席会、中国青年创业孵化器协作会和中国青年创业者联盟等分支机构已发展个人和机构会员至 1600 余人，各省级团委也普遍组建了以创业导师团为主体的创业就业联盟组织，联合有关部门和高校、企业、产业园区等方面为创业青年提供培训咨询服务。下一步，伴随全团创业导师工作的不断完善，将建立起全国、省、地市三级青年创业导师队伍，构建结构合理、功能互补、覆盖广泛的导师队伍体系，以更好帮助青年增强创业意识、提升创业技能、拓宽创业视野、获取创业资源、解决创业难题。

三是选树宣传青年典型，发挥示范引领作用，发展奋战在脱贫攻坚第一线的优秀青年成为全国青联委员、全国农村青年致富带头人，遴选推报参评"五四青年奖章""中国青年创业奖"等奖项；结合五四青年节、国家扶贫日、农民丰收节等重要节点，邀请脱贫攻坚先进青年典型通过青创大讲堂、电视节目、视频直播等方式开展事迹经验分享，进一步激励引导广大创业青年和贫困群众。

——突出实践育人，转化政治成果

以为党育人为核心，通过"青创10万+"项目实践扶助广大有志青年扎根贫困地区创业，把党的关怀和温暖传递给需要帮助的贫困地区青年，积极为党凝聚打赢脱贫攻坚战的社会共识，培养和储备了一大批乡村振兴青年人才，进一步吸引凝聚广大青年听党话跟党走，推动创业扶持成果向政治成果转化。

一是统筹全团提供创业培训、金融扶持等基础性、普惠性创业服务，支持推动贫困县团属青创组织建设，广泛吸纳创业青年加入组织，助力广大创业青年抱"团"取暖、提升创业成功率。对于整个脱贫攻坚大局而言，"青创10万+"项目帮扶群体的数量虽然有限，但项目帮扶群体特殊，社会关注度高，溢出效应大，递延效应明显，特别是通过建立县级团属青创组织，并重点依托组织提供覆盖面较广的基础性创业服务，培育一批优秀青年创业项目，培养一批青年创业先锋，为打赢脱贫攻坚战作出共青团应有的贡献。

二是通过市场拓展、典型宣传、活动交流等方式，选树一批产业化龙头企业负责人、农村青年致富带头人、电商直播带货网红等创业典型，发挥他们的示范引导力和产业带动力，发展他们作为县级团属青创组织负责人或骨干，推动将青年创业典型实现个人价值同服务国家大局相统一，为共青团服务基层青年创业就业注入更多专业力量，带动当地青年创业就业和建档立卡贫困人口增收脱贫。

三是发掘培育一批扎根贫困地区创业的优秀青年成为农村基层团组织的骨干力量，为基层团的建设注入新鲜血液，并积极探索

"推优育苗""推优入党"等工作路径。团广西区委紧紧围绕抓党建团建促产业脱贫的思路，各级团委不断推动贫困地区农村创业青年"领头雁"和村团支部书记"双培双带"，延伸"青创10万+"政治培养链条，使贫困地区农村基层团组织更有凝聚力、战斗力。如团隆安县委不断畅通"创业青年—致富带头人—村团支书"的培养路径，在全县培养、选拔一批政治素质过硬，业务水平突出，事业心责任心强的创业青年，每年邀请创业经验丰富的村团支书向学员介绍分享创业心得，树立可信可学的创业榜样。当地部分优秀返乡创业青年被吸纳加入团组织，任兼挂职团县委副书记和乡镇团委副书记，提升服务创业青年的针对性，示范带动更多的创业青年积极向团组织靠拢。

——创新团青模式，扩大基层团建

将创业扶贫工作同共青团基层组织改革紧密结合，探索形成了一些创新有效的工作模式，有助于推动基层团的建设。

一是以"团组织 + 青创组织"这种组织模式丰富团的基层组织形态，充实团的基层组织功能、提升团在青年重要服务领域的工作实效，逐步构建县域团属青创组织与团的基层组织有效联动的基层组织格局，助力团的基层组织建设。在这种模式下，各级团组织通过把项目资源、资金资源等优先向县域团属青创组织倾斜，指导和支持组织参与重点工作项目，以服务注入、资源导入的方式促进组织持续活跃，扎实助力组织更好发挥作用。

二是为"团组织 + 基金会"的组织模式落实完成全团重点工作提供了实践样本，青创基金会作为团中央直属单位和全国性公益基金会统筹全团创业扶助工作，兼顾发挥共青团的组织体系优势、社会动员优势和基金会公益平台作用，初步探索形成"社会化募集动员、组织化下沉资源、项目化推动工作、专业化提供服务"的经验模式，在直接提供服务以外更加注重扶持机制创新和资金资源供给，以资源和项目下沉牵动激发基层团委干事动力、工作活力，有效提升了团组织引领、凝聚和服务创业青年的能力水平，对推进去除机关化、行政化改革和条块化工作方式具有积极意义，在实践中锻炼了队伍、锤炼了作风、积累了经验。各项目实施省份的青年创业就业基金会、青年创业就业服务中心、青少年发展服务中心等青年创业工作主责机构，通过"青创10万+"项目将青年创业服务工作"盘子"进一步做大，并结合这项工作加强了同机关部门的横向统筹以及同市、县级团组织的纵向分层级协作，更好嵌入全团组织体；同时，依托创业服务体系一头对接社会资源、一头投入组织体系，切实提升了在青年创业服务领域的影响力。

——优化成效载体，衔接乡村振兴

"青创10万+"项目的各项实践探索，为下一步做好巩固拓展脱贫攻坚成果同乡村振兴有效衔接打下了较好基础。

一是切实凝聚了一支农创先锋队伍，储备了一批优秀青创项目，形成了精准扶持台账，总体掌握了农村创业青年特征、困难和需求，有利于推动乡村振兴阶段青年创业人才队伍和项目库建设。

二是利用组织化和项目化手段推动贫困县广泛建成团属青创组织，在团组织的指导下有序推进组织规范化建设和专业化扶持，为乡村振兴阶段接续开展扶持工作夯实组织基础。特别是通过县级团属青创组织建设和服务供给，广泛凝聚、吸纳本地创业青年，将团的扶持对象真正"攒"了下来，依托县级团属青创组织的活跃和作用发挥，定能为下阶段乡村振兴阶段创业服务工作提供极大助力。

三是"青创10万+"形成的工作体系、工作举措、扶持路径等对下一步统筹全团做好服务农村创业青年具有重要参考价值，小额资助、金融贷款、创业大讲堂等重点项目得到农村创业青年和基层团干部广泛好评，可在乡村振兴工作框架内进一步拓展和创新，发挥更大作用。

（2）工作挑战

——推动县域青创组织活跃和作用发挥任重道远

在各级团组织的共同努力下，"青创 10 万 +"项目推动 758 个项目实施贫困县成立团属青创组织，并引导非贫困县逐步成立组织，取得阶段性重要成效。全团将县域团属青创组织纳入团的工作体系，使得团的基层组织覆盖面进一步拓展优化，组织力得到活跃提升，组织功能得到有效拓展。但同时，也要清醒地看到，这项工作才刚刚起步，是通过行政动员力在拉覆盖面，距离共青团基层组织改革确定的最终目标、想要实现的效果还有差距。特别是当前，支持县域团属青创组织发展的政策措施和保障机制还不健全，很多组织特别是新建组织的社会化运行机制尚未有效建立，资源供给和自身造血能力不足，制约了他们在基层充分发挥作用。县域团属青创组织建设是一项长期性、持续性的工作，组织的活跃与作用发挥，必须组织化和社会化"两条腿"一起发力，必须突出组织的引领和服务功能。现阶段自上而下的组织化推动，对青年创业需求的满足有一个持续交互的过程；而各地新建组织的"小而散"，也不利于创业青年依托组织推动产业链条的延伸、融合与创新。

——青年创业扶持资金资源投入仍"不解渴"

扶贫需要真金白银的投入。"青创 10 万 +"项目自 2018 年 10 月启动至 2020 年底收官，青创基金会累计向地方各级团组织和重点贫困地区团组织拨付现金、实物、金融借款等共计 12163.66 万元，并积极争取社会创服资源，联合行业龙头企业、金融机构、创服机构、高校科研院所等 10 余家大型机构共同提供创业服务。各地团组织积极承接资源项目，争取配套工作经费，支持贫困县青创组织建设、开展创服活动，进一步放大项目影响力和服务实效。然而，这些投入，相较于 865 个贫困县及扎根贫困县创业的广大青年群体，仍是"杯水车薪"。

总体上看，通过向基层直接拨付资金资源解决问题历来不是共青团的工作优势，"青创 10 万 +"项目实施阶段，各级共青团组织通过发挥组织体系和社会动员优势，重点依托团属基金会、协会组织等，充分整合社会资源，注入县级团属青创组织，向创业青年提供服务。典型如小额贷款、大额农业贷款担保项目，充分发挥"团银合作"优势，发挥团属资金的撬动放大作用。但是，金融扶持各手段的资金效应还有待进一步提升。其中，现阶段公益小额资助主要为荣誉激励性质，对扶助项目的资金需求难以精准匹配；小额贷款、大额农业贷款担保项目的服务覆盖面还比较有限，部分地区担保、抵押门槛较高，程序烦琐，青年获贷困难，这些都制约了金融扶持项目的作用发挥。此外，团属基金会、协会组织资金募集渠道单一，工作服务项目品牌效应不足、专业化程度不高等因素，也在一定程度上制约了资金资源募集能力。如何争取更多社会资金支持青年创业，是下一阶段共青团服务青年创业就业应该重点思考的课题。

——青年创业智力资源向基层倾斜力度比较有限

金融扶持着力解决青年创业资金短缺难题，而对创业青年的智力支持，特别是创业导师提供陪伴指导分享、贡献商业智慧和工商网络等，也是青年创业成功的关键。"青创 10 万 +"项目实施以来，全团以开展创业培训、结对指导为主要抓手，为贫困地区创业青年提供指导支持。从各地创业青年的反馈意见看，接触高质量创业培训机会少，创业培训课程的针对性、实战指导价值不足，缺乏导师跟踪指导等，是他们现阶段面临的主要困难。这反映出各地团属创业导师队伍体系搭建尚不完善，发挥青年创业导师作用还不明显，导师工作的基层导向、精准服务、有效对接的原则还未真正落地，导师直接对接服务基层创业青年有所不足，部分地区零散、粗放、不够持续的导师结对机制对青年的帮扶作用有限；同时，各地普遍缺乏有效联结导师活跃和服务青年之间的工作机制和项目，"青"字号培训品牌尚缺乏系统规划，专业性、针对性和质量水平有所不足。

——开展创业服务项目与青年创业需求的匹配度有待提升

创业是一项复杂的系统工程，不同身份青年创业者在创业动机、创业方向选择、创业资源管理等方面表现出明显差异，不同创业项目在不同发展阶段对资源和服务的需求也不尽相同。"青创10万+"项目聚焦扶助有志青年扎根贫困地区创业，着力在农村创业服务全链条、各环节提供创业服务，由此形成了以青创组织建设、创业培训辅导、资金金融扶持、市场对接拓展等为重点的多元扶持路径。

应当说，在项目推进过程中，各级团组织迎难而上、积极作为，为创业扶贫事业作出了应有贡献。但受基层团委工作力量薄弱、工作参与面宽及扶贫资金资源协调有限等因素制约，充分发挥团的优势，因地制宜自主结合本地青年差异化需求，整合协调地方党政部门、上级团组织政策资源，开展针对性、系统性、专业化的创业扶持还不够深入。地方团组织特别是市县级团组织普遍能够做好自上而下的资源项目承接，但自下而上从青年创业需求出发设计开展项目还有所不足，有待进一步提升。

共青团的应为与可为

在决战决胜脱贫攻坚的关键阶段，共青团闻令而动、尽锐出战，立足实际、发挥优势，精准实施"青创10万+"创业扶贫项目，为打赢脱贫攻坚战作出了积极贡献、凝聚了青春力量。各级团组织的扶贫实践，为今后共青团投身乡村振兴战略实施及至推进各项工作积累了宝贵经验、提供了重要借鉴。

2021年5月召开的团中央乡村振兴工作领导小组第一次会议指出，当前"三农"工作重心正在发生历史性转移，要在这一过程中把握大背景、融入大格局。要正确看待共青团投身脱贫攻坚和参与乡村振兴的关系，将工作对象从局部转向全域，工作要求从保底线转向全面提升，工作方式从攻坚战转向持久战；要正确看待远景规划蓝图与近期目标任务的关系，既要看长远、着眼于2035年远景目标来思考工作，也要抓眼前、着力谋划好"十四五"时期头几年的工作，以促进人才振兴为重点深化推进乡村振兴青春建功行动。围绕助力创业青年发展，会议强调要尊重市场规律，明确"帮助青年创成业"的工作目标，树立"带动更多人致富发展"的支持导向，着重做好培训交流、信息供给、导师引路等工作。

为深入贯彻习近平总书记就巩固拓展脱贫攻坚成果同乡村振兴有效衔接作出的一系列重要指示精神，按照团中央关于乡村振兴青春建功行动的工作部署，基于对前一阶段"青创10万+"经验与不足的总结，结合扎根农村创业青年特征与需求，乡村振兴阶段共青团服务青年创业工作，可重点从以下几方面发力。

——系统总结工作经验，做好服务青年创业在脱贫攻坚与乡村振兴领域的衔接

"青创10万+"项目实施三年来，为增强工作有效性、扩大项目覆盖面，各级团组织始终坚持项目化推进工作、组织化协同联动、社会化配置资源的运行机制，不断优化执行标准、实施流程和工作效能。下一步，围绕乡村振兴系统工程，要持续巩固、深化、创新"青创10万+"各项机制成果，推动服务青年创新创业工作迈上新台

阶，为提升团的"三力一度"作出应有贡献。

要继续坚持把小切口、大纵深作为围绕中心、服务大局的工作理念，以引导青年扎根农村创业、助力乡村人才振兴、促进产业发展为青年创业服务工作的着力点，根据青年创业就业需求，以及共青团提供服务、配置资源的综合能力，确定扶持目标和路径措施。要继续坚持把跨部门横向协同、跨层级纵向联动作为推进工作的主要机制，搭建跨部门创业服务工作平台，整合所涉相关机关、直属单位及团属协会组织等各方面工作资源；纵向建立分层级分工协同机制，团中央负责顶层设计、下沉资源和考核督导，省市级团委负责配置资源和指导推动，县级团委负责承接资源和联系服务，"全团一盘棋"形成工作合力。要坚持把项目化管理方式作为推进工作的基本框架，通过常态化实地联系推动工作、深入项目实施地考察访谈、开展专项调查研究等，不断升级工作标准、优化工作流程、聚焦服务功能，分步确定阶段性工作重心，以确保分类施策精准高效。要坚持创新方式，让组织化与社会化动员有机结合成为发挥共青团优势的有效途径，依托共青团健全完备的组织体系和广泛普遍的社会动员充分整合社会资源。要通过服务工作彰显育人成效，强化创业扶持项目的政治功能和育人功能，积极为党凝聚青年投身乡村振兴事业的社会共识，培养储备乡村振兴青年人才，吸引凝聚广大青少年听党话、跟党走。

——积极赋能团属青创组织，开拓青年创业服务工作新局面

县域团属青年社会组织建设是团中央推动共青团基层组织改革的一项重大工作部署，与团的基层组织形态创新、提高组织覆盖和工作覆盖、拓展基层共青团工作力量来源等有非常大的相关性，是事关共青团长远发展的一项全局性、战略性的系统工程。其中，围绕创业就业重点领域，全团推进建设县域团属青创组织，聚焦促进

青年创业就业交流、提高青年创业就业能力、搭建平台等开展活动，截至 2021 年底，全国县域团属青创组织成立数达 3000 余个，区县覆盖率达 98.5%，县域内初步形成基层团组织、团属青年社会组织和"青年之家"有机协同的基层组织体系，团的基层组织规模、覆盖面进一步拓展优化。

下一步，县域团属青创组织建设还要在提升建设质量、激发组织活力方面重点发力，促使其更好发挥作用。要将组织化动员与社会化动员相结合，切实将基层广大创业青年凝聚在县域团属青创组织内，推动他们在团的指引下加强联系合作、深入交流互促，逐渐增强政治意识和业务能力。要加强扶持培育，把激发组织运行活力作为组织建设的关键环节，积极为组织赋能，通过组织会员参与中国青年创新创业交流营、"创青春"中国青年创新创业大赛、"创青春"中国青年创新创业项目支持计划等全团重点项目，向组织导入创业培训、金融扶持等项目资源，募集拨付支持组织建设和服务开展经费，为组织推荐的优秀青创项目提供综合扶持，推荐组织会员申报"中国青年创新创业奖""全国乡村振兴青年先锋"评选表彰活动等全国或各地的评选表彰活动，形成共青团组织与团属青年社会组织协力推进的工作局面。要激发组织内生动力，指导组织建立完善运行模式，不断增强自我造血能力，特别要引导发挥组织在本地产业创新升级和融合发展方面的功能，推动发挥规模效应，实现产业集群，优化配置资源，切实服务好本地创业青年，使其发展成为共青团基层创业服务领域的生力军，为全团县域团属青年社会组织工作作出贡献。

——重点发力智力、金融扶持，切实解决青年创业发展难题

聚焦农村创业青年最急迫的资金、培训、结对等需求，下一步要充分发挥共青团组织体系和智力优势，广泛动员社会资源，系统

总结既有工作经验，继续打好创业扶持"组合拳"，持续加强对农村创业青年的培育支持，激发他们扎根农村创业奋斗的意志和能力，增强青年创业企业的自我发展能力及其对外部资金、技术、人才的吸引消化利用能力，推动农村青年创业企业的高质量发展。

在创业培训方面，要积极构建多层次创业培训辅导体系，将团组织直接提供服务和资源下沉、项目外包相结合，一方面要在直接开展高水平、品牌性、示范性培训上进一步加大力度；另一方面要更加注重将品牌项目、培训经费、优质导师等资源向基层倾斜，引导基层团委做好项目承接，鼓励基层因地制宜创新开展有针对性的培训项目，为广大贫困地区创业青年提供精准智力支持。要将线下培训同线上培训相结合，线下培训的授课、交流效果通常更好，线上培训在覆盖面提升、时间空间突破、优质慕课积累等方面更具优势，在下阶段工作中要重点结合创业青年需求和特定工作情况妥善用好线上线下各类形式载体，持续提升培训效果。要将培训青年和培训导师相结合，基层创业导师在传道授业的同时也有自我提升、自我获得的现实需求，下一步要基于各地导师的实际诉求，设计开展机制化、常态化的导师培训交流项目，进一步促进各级青年创业导师工作队伍间的交流互促，点亮团属创业导师的"星星之火"。

在导师结对方面，由团中央层面牵头，各级团组织要继续广泛吸纳成功的企业家、投资人、专家学者、行业带头人、青创组织负责人、青年创业典型等，组建全国、省、地市三级青年创业导师队伍，构建结构合理、功能互补、覆盖广泛的导师队伍体系。在完善团属导师队伍体系的基础上，推动创业导师与县级青年创业服务组织及创业青年的机制化结对，重点向脱贫摘帽地区、易地扶贫搬迁社区等创业青年倾斜，依托各级团组织具体工作项目提供结对服务，并积极探索"自下而上"与"自上而下"相结合、以需求为导向的匹配对接机制；同时，继续鼓励支持各级团组织依托金融扶持项目、"创青春"赛事、创业大讲堂等品牌服务项目进行精准对接，强化跟踪服务，确保务实、有效，形成智力扶持"组合拳"。

在金融扶持方面，要继续充实完善"公益资助—债券融资—股权融资"的梯度扶持机制，依托小额公益资助，聚焦乡村振兴、返乡创业大学生等重点领域和群体，突出项目扶持的引导示范作用，搭建形成优质青年创业项目库；重点做好金融贷款项目试点探索和面上推开的平衡，青创基金会在"银团合作"总体框架下，通过协调优惠政策、深化"担团合作"、设计专项产品等方式，推进小额贷款、大额担保贷款等项目在各地试点落地，并通过提供一定额度的风险补偿金借款、适当贴息资金及工作经费等方式，支持各省级团委因地制宜创新金融扶持工作模式，打造普惠性质、有竞争力的优质青年创业金融产品，从面上更好解决创业青年资金难题；充分发挥中国青年创业投资人俱乐部等中国青年创业联盟组织的人才社群功能，搭建平台为各地农村青创项目提供投融资对接、融资咨询等服务，同时确立中国青年创新创业板与联盟之间的双向推荐优先级，发挥资本市场对农村青年创业高质量发展的导向作用，推动农村青创事业向更高平台迈进。要加强对金融扶持的配套服务，特别是依托县域团属青年创业服务组织，为受贷青年提供导师结对、项目巡诊、交流考察等服务，针对农业创业项目配套提供农业保险、技术指导、市场对接等服务，让创业青年切实感受到团的关怀，引领他们听党话、跟党走。要强化风险管控，特别是各地共青团新开展的金融扶持项目，要在银团深化协作上做文章，重点在贷前、贷后发挥团的引领、服务和管理作用，通过完善多方担保机制、配套创业服务、优化放贷政策等手段，协助金融机构降低坏账风险，推动金融扶持项目可持续发展。

——聚焦创业服务到人、到项目，为创业项目提供持续综合服务

在总结前一阶段工作经验基础上，为切实提升青年创业服务工作的系统性、针对性和专业度，下一步要紧紧围绕青年创业促进聚焦到项目和人这个关键点，结合国家对乡村振兴、创业引领就业等方面的重要部署，以为党育人为根本，推进实施乡村振兴"头雁计划"，重点资助支持在乡村振兴示范、青年就业带动、脱贫巩固拓展等方面发挥作用明显及模式做法具有特色、较为成熟的青年涉农创业项目及农村青年非涉农创业项目。对入选支持计划的项目，以"七个一"（即纳入一个青创组织、资助一笔公益资金、提供一项金融服务、匹配一套培训课程、结对一名创业导师、对接一批双创活动、入孵一个双创基地）为服务标准，充分运用共青团组织体系资源，调动社会各方力量，认定一批专业服务机构并购买服务，打造既统一又兼顾不同领域创业特点的服务体系，整合扶持资源手段提供综合服务，纳入团中央扶持项目库。同时，对入选项目授予相关荣誉称号，并将项目负责人、骨干纳入青创人才培养"先锋计划"进行价值引领、综合培养、跟踪服务，并推荐参选"中国青年创业奖""全国乡村振兴青年先锋"等奖项。通过设计项目标准化流程，建立社会化评价机制，在营造创新创业生态的基础上落实到项目、具体到人，做到精准化，对纳入计划的项目进行持续跟踪反馈，切实培育一批优秀农村青创项目，培养一批青年创业先锋。

第四章 部分地方团组织工作举措

云南：构建全链条、多层次的青创工作体系

2018 年 10 月至 2020 年底，云南共青团按照总体工作部署要求，重点依托创业培训、结对辅导等路径，指导推动 88 个国家级贫困县成立县级团属青创组织，累计扶持 2.72 万名有志青年扎根贫困地区创业，大幅超额完成既定扶持目标。

在工作机制方面，坚持省级团委负总责靠前指导，市、县两级团组织抓落实联系服务青年，团省委依托会议和工作小组机制常态化部署、推动各项工作。制定发布《云南共青团投身打赢脱贫攻坚战三年行动实施方案》，对"青创 10 万 +"工作的目标任务进一步细化分解，明确提出到 2020 年扶持不少于 1 万名青年在贫困地区创业、直接带动 3 万人增收脱贫。积极动员省内青年企业家响应"青创 10 万 +"工作号召，依托省青联、青企协、青基会及青创基金会，将项目和资源向贫困地区创业青年倾斜，形成强大工作合力，营造良好氛围。

在宣传工作方面，加强对贫困地区青年创业工作的宣传引导，依托微信公众号、微博、抖音等平台向贫困地区创业青年宣传创业政策、推介创业典型，组织优秀创业青年到高校及贫困地区开展"创业英雄论坛"等交流活动。重点依托 KAB 创业教育培训平台，

推动高校创业就业教育课程体系建设，逐步实现 KAB 创业教育课程对省内高校及中职中专学校的全覆盖。打造标准化"MM 创新孵化基地"和"校园咖啡场"众创空间，并在云南全省高校推广建设创新创业孵化服务平台，为青年大学生提供创业教育、交流合作、实践孵化等"一站式"帮扶教育措施。

在创业帮扶方面，综合运用多元手段支持青年创业。大力推进金融扶持，2009 年至 2020 年，通过"贷免扶补"等项目累计帮助 16.6 万名青年获得贷款，协助金融机构发放贷款 139.04 亿元。其中，2019、2020 年在云南全省 88 个贫困县共发放贷款 25.79 亿元，扶持创业青年 18042 人。年内按照省级 10%、州市 10%、县级 80% 的比例共获得财政补助工作经费 1262.94 万元，有效推动了贫困地区"青创 10 万 +"各项任务的深入开展。此外，选派 300 余名金融机构优秀年轻干部赴县级团委挂职，并联合云南农担公司推出金融产品"青创贷"等。注重创业技能提升，2018 年 11 月以来，云南各级团组织在 88 个贫困县举办各项创业青年技能培训 162 场次，培训青年 1 万余人次。依托今日头条系列媒体矩阵，开展"助力扶贫·青年上头条"公益培训，对 1000 名农村青年进行阶梯式培养。建立结对帮扶机制，组建云南青年创业导师团，每名导师结对帮扶 2 至 3 名创业青年，为青年提供思想引领、企业管理、项目咨询等方面服务。资助支持青创项目，结合云南工作实际向各州（市）、县（市、区）摸底调研、征集支持项目，共征集各类共青团服务青年创业工作项目 109 个，从中择优支持项目 66 个，包括共青团定点扶贫项目 11 个，县级共青团服务青年创业项目 46 个，县级青创产业扶持项目 9 个。

在典型引领方面，自 2009 年来，连续举办八届"云南青年创业省长奖"评选活动，1.7 万名青年企业家报名参加，80 人获得"云南青年创业省长奖"、146 人获提名奖，营造了崇尚创业、争相创业、创业光荣的浓厚氛围。2014年至2020年，连续举办六届"创青春"云南青年创新创业大赛，通过赛前广泛宣传，赛中精心组织项目路演、导师助阵、跟进联系等服务，累计吸引3000余个创业项目和6000余名青年参赛，并在近3届全国赛中获得3银8铜4优胜奖的良好成绩。

四川：因地施策完善青创服务模式

2018年10月以来，四川共青团重点面向贫困地区开展赛事展会、考察交流、项目路演、创业培训、投融对接、导师指导、座谈研讨等活动，取得良好工作成效。截至2020年底，累计扶持2.23万名有志青年扎根68个贫困县创业。通过积极探索，形成了具有特色、符合本地实际的长效扶持模式。

建组织，凝聚农村创业青年抱团发展。搭建返乡下乡青年创业组织——农村青年致富带头人联盟，实施"乡村伙伴计划"，采取"1+10+N"帮扶模式，每人联系指导当地10名返乡创业青年，培育了一批爱农业、懂经营、善管理的农业产业化带头人。

提能力，增强农村创业青年综合素质。大力实施农村创业青年电商培育工程、"乡村伙伴计划"农村青年人才振兴工程集中培训、农村创业青年网络培训等，为农村创业青年提供形式多样、覆盖广泛、精准实用的培训服务。

助创业，解决农村创业青年实际困难。团省委通过实施"四川青年创业促进计划"，为初创期创业青年对接提供资金、导师、工商网络等服务和资源，联合市、县级团委打造针对性强、覆盖面广、富有特色的金融帮扶体系。持续推动"青创商城"升级，引导明星粉丝通过"以购代捐"的方式助力深度贫困地区青年创业扶贫行动。

搭平台，助力青年创新创业项目推广。举办"创青春"四川青年创新创业大赛、"创青春·交子杯"新网银行高校金融科技挑战专项赛等，为全省创业青年搭建了交流学习、政策扶持、孵化培育和投融资对接的平台渠道。

在此基础上，四川各地团组织响应脱贫攻坚号召，积极开展创业扶贫工作，激励引导更多农村青年在推动农业现代化和农村经济社会发展中作出贡献。

——成都市实施"蓉漂计划"，吸引了高层次创新创业人才和顶尖创新创业团队落户四川，在22个县（市、区）全覆盖建立23个青年人才驿站，为2万余名创业就业大学生提供服务。

——自贡市实施"青年就业创业促进工程""三年百万青年见习计划"，整合1180万元帮助创业青年解决资金困难。

——泸州市实施LYL青年创客小额贷款项目，建立9个青年创业园基地，争取3000万元帮扶资金，助力青年创新创业。

——广安市设立"青创计划"服务站，为符合条件的创业青年提供创业政策咨询、导师结对等服务。

——甘孜州出台《喜波勒雄·携手新征程 甘孜州农牧区青年电商雏鹰培育工程实施方案》，积极挖掘培育发展一批农牧区电商创业青年。

——阿坝州出台《阿坝州州级青年创业专项扶持资金管理办法（暂行）》，解决创业青年资金难题。

贵州：打好金融扶持和培训扶持的"组合拳"

贵州作为全国脱贫攻坚主战场之一，"青创10万+"工作涉及8个市州共66个贫困县（市），占全省75%的行政区域。项目启动以来，贵州共青团在以省级团委为统揽、县级团委为主牵头的基础上，充分调动省、市、县三级团组织主观能动性，重点围绕组织建设、创业培训、结对辅导、金融扶持等主要扶持路径，积极推进创业扶助工作开展。截至 2020 年底，累计扶助 1.43 万名有志青年扎根贫困地区创业，并在金融扶持、培训扶持等方面探索形成有效工作路径。

在金融扶持方面，在中国青年创业就业基金会支持下，团贵州省委联合省农信社在全省开展"青扶贷"小额贷款服务青年创业就业工作。同时，筹集 30 万元为"青扶贷"贷款青年进行贴息，重点在"9+3"挂牌督战县区部分小微企业进行贴息帮扶。"青扶贷"以构建"团组织 + 基金会 + 金融机构 + 青扶贷 + 创业青年"的服务机制，聚焦农村地区创业就业青年群体，发挥共青团组织优势和农信社金融行业优势，加强银团合作，采用"团委推荐、一次授信、循环使用、随用随贷"的授信方式，开设绿色通道，提高信用贷款额度，推广实施"青扶贷"小额贷款工作。坚决打好疫情防控阻击战、脱贫攻坚决胜战两大战役，团省委以"青创贷"为重要抓手，扶持农村创业青年发展，带动农民就业，起到了良好效果，为贵州广大农村创业青年推动企业复工复产解了燃眉之急，得到了党委政府的肯定和创业青年的欢迎。截至 2020 年底，"青扶贷"共发放贷款 2890 笔，贷款金额 3.573 亿元，共带动 10531 名农村青年就业。其中，贷款企业投资者中大中专毕业生占 9.08%，返乡创业青年占 18.98%，退役军人占 2.52%，建档立卡贫困户占 6.8%，失业人员占 17.38%，其他人员占 45.24%。带动就业人员中大中专毕业生占 11.98%，返乡创业青年占 14.52%，退役军人占 0.71%，建档立卡贫困户占 10.34%，残疾青年占 0.18%，失业人员占 6.59%，其他人员占 55.68%。

在培训扶持方面，积极开展"创在乡土"线上线下青年培训工作，特别是 2020 年结合疫情实际，将青年培训工作从线下转至线上。一是 2020 年 6 月以来，根据疫情常态化的工作要求，组织开展了"多彩贵州·创在乡土"——助力脱贫攻坚技能培训班，重点在贫困地区招收 770 余人到贵阳开展电工、焊工、汽车维修、家政育婴等专业的培训，努力实现"培训一人、转移一人、就业一人、脱贫一户"的目标。二是联同华商研究院为全省中小企业开展网上公益授课，主讲嘉宾主要由全国知名行业专家、营销专家、传媒人等组成，主讲内容包括政策宣讲、疫情期间企业应对策略等，"青企微课"共开展 4 期 26 天，全省 1230 人次线上参与听课。三是全省各级团组织积极推进青年培训工作，联同当地人社部门、培训机构开展技能培训等，"青创 10 万 +"期间累计培训万余名创业青年。

山东：挖掘培育更多乡村创业"好青年"

山东共青团依托"青"群体，围绕"创"主题，聚焦脱贫攻坚、乡村振兴、基层组织建设等工作，加强组织领导，高效整合资源，强化工作宣传。截至 2020 年底，累计扶助 7700 余名有志青年扎根基层创业，带动周边贫困人口增收脱贫。

在主体培育方面，选树乡村创业"好青年"开展创业服务。2018 年以来，联合省委组织部、省财政厅、省农业农村厅、人民银行济南分行等单位联合实施"村村都有好青年"选培计划，为乡村振兴和基层建设储备了一大批青年人才。一是以"选"为基础，不拘一格从创业青年、返乡大学生、退役军人等群体中遴选乡村青年人才。二是以"联"为桥梁，省、市、县三级普遍建立好青年联盟，为延伸产业链条、实现抱团发展搭建载体平台。三是以"带"为目的，借助好青年产业发展优势，带动周边农户共同发展，强化典型宣传，吸引更多青年人才返乡干事创业。

在资金扶持方面，为解决贫困地区青年创业资金难题，在省级层面开展"鲁青基准贷"项目，两年多来发放"鲁青基准贷"优惠利率贷款 1.3 亿元。同时，积极发挥地市积极性，团菏泽市委推出"青年菏商创业贷"项目，并为符合担保贴息条件的创业青年提供贴息支持，发放贷款 3869 万元；团临沂市委开展"拥军贷"助力广大青年退役军人创业发展，为 1235 名青年退役军人发放贷款 2.8 亿元，团沂水县委推出"贷动青春——青年创业贷"项目，降低申请门槛，实行优惠利率，发放贷款 2250 万元。

在活动开展方面，集中开展系列特色创业服务活动。举办主题培训。团聊城市委落地承办"青创 10 万 +"中国青年创业大讲堂（山东聊城站），协调北京大学创业训练营的资深"大咖"为创业青年进行培训；菏泽、临沂、泰安等地落地开展山东省级"青创 10 万 +"专项培训，广受当地创业青年好评。集中展销各地特色农优产品，邀请电商直播网红、知名代言人现场带货，多渠道向社会各界推送产品名录，发布爱心企业招募令，广泛动员政府机关、高校、企业、大型商超和青联委员、青年企业家等踊跃购买产品。广泛开展导师结对活动。发挥省级青年创业导师团"传、帮、带"作用，按地域相邻、行业相近的原则进行农村青年创业者与导师结对，为青年创客提供全程创业"陪护"。

河北：让金融服务和电商培育惠及更多有志青年

河北共青团统筹省、市、县三级团组织，一手抓组织建设，一手抓服务开展，稳步推进各项工作部署。项目实施期间，累计扶持 7200 余名有志青年扎根贫困地区创业。

扶持青创项目，以创业带动就业。发挥"青创板"京津冀区域中心服务贫困地区青年创业职能，对注册地在贫困县且参与扶贫工作的企业提供挂牌扶贫补贴。组织农村创业青年参加"创青春"涉农专项赛事，发掘培育创业典型和创业项目。争取中国青年创业就业基金会"青扶贷"项目落户河北，撬动银行 5000 万元放贷额度，截至 2020 年底，已发放贷款 46 笔，放款金额 699 万元，惠及创业青年 177 人。团承德市委重点帮扶支持企业——尚源承德网络科技有限公司，在成长过程中得到"青创 10 万 +"创业培训和资金支持，公司员工由最初的 20 余人发展至 160 余人，其中建档立卡贫困户 60 人，带动残疾人就业 10 人，带动剩余劳动力就业 100 余人。

选派金融干部，促进"银团对接"。河北金融团工委依托金融机构现有网点和青年之家等团属阵地建设农村创业金融服务站，依托基层团组织搭建为青年服务平台，为农村创业青年提供金融信息咨询、金融产品推荐、信贷融资服务、金融知识培训，支持金融系统青年组建志愿服务团队，送金融服务进农村、进社区。截至 2020 年底，河北省农村青年创业金融服务活动已在全省 11 个地市相继启幕，农村青年创业金融服务站在各县相继揭牌。活动按照"一县一机构"原则，明确包干责任金融机构，共组织 131 家金融机构参与活动，实现了全省县域全覆盖。团保定市委选派 8 名银行业金融机构的优秀青年干部到阜平、涞源等 8 个县（市）团委挂职，帮助农村创业致富带头人、返乡大学生及农民专业合作社等重点群体获得小额扶贫贷款近 6000 万元。团秦皇岛市委发挥金融机构挂职干部的纽带作用，协调金融机构开展服务青年就业创业金融宣传，召开青年创业工作联席会，通过多方渠道，筛选发掘符合条件的创业青年 80 余人，协调金融机构发放贷款 436 万元。

注重线上发力，挖掘新媒体优势。开展"我为家乡农产品代言"活动，通过发挥互联网的技术优势，在网络平台上为地方特色农产品打造"培育＋宣传＋销售"的"链条式服务"。项目启动以来，累计联系农产品企业 700 余家，注册家乡代言人超过 8000 人，实现订单超过 2.7 万单，销售额突破 700 万元。团邢台市委组织"我是最美主播 我为家乡代言"大赛，引导青年群体参与电商扶贫，通过挖掘具有电商营销价值的地方特色物产，整合创新传播渠道和宣传方式，带动本地特色产品销售。团沧州市委开展"青力扶贫·我们为家乡农产品代言"活动，邀请本地优秀青年录制推广代言视频，积极助力当地农民增收。

湖南：依托优势资源搭建青创宣传服务平台

2018 年 10 月以来，湖南共青团以实施"青春兴湘·何必远方"——扶助有志青年扎根深度贫困地区创业项目为载体，明确省、市、县三级组织分工，全力推进"青创 10 万＋"项目在湖南落地实施，以脱贫攻坚实效助力乡村振兴，初步探索形成特色工作模式。项目开展以来，依托创业培训、结对辅导、金融扶持、直播带货和产业助销等手段，累计扶持创业青年 6600 余人。

抓资源整合，当好"策划者"。整合省教育厅、省人社厅、省农业农村厅、省商务厅、省扶贫开发办公室资源价值累计 712 万元，建立省、市、县三级培训体系，以符合当地实际的特色产业主题培训为着力点，建立 10 人核心导师团、授牌首批 30 个实训基地，培养选拔 5000 名有想法有能力的有志青年返乡创业。依托湖南省创新创业扶持资金，资助国家级贫困县项目 23 个。走进碧桂园总部参与"湖南美食节"活动，推广湖南莓茶、腊肉等扶贫农特产品，同时以"扶贫推广＋消费扶贫"方式在全国不同城市推出湖南精准扶贫农特产品展。

抓平台建设，当好"组织者"。结合湖南媒体资源，组织搭建宣传平台。联合中国青年创业就业基金会、湖南卫视《天天向上》节目组，策划推出的"纪念五四运动100周年"返乡创业青年专题节目，展示青年新农人的群体风貌。联合省扶贫办、湖南卫视春节联欢晚会导演组，在湖南卫视春节联欢晚会外场扶贫年货会上，组织11名农村青年致富带头人将12款家乡扶贫产品推介给全球消费者。2020年小年夜前夕，团省委与湖南卫视共同推出"我为我的年货代言"打call视频，经各团市州委组织推荐，共制作视频15部，在湖南共青团、湖南卫视媒体矩阵分期播出，主流媒体转发，反响热烈，为新春扶贫年货会预热铺垫。为创业青年搭建展示平台。在落实好"青创10万+"工作的同时，联动省扶贫办、农业农村厅等共同主办湖南省消费扶贫月活动、2020年"中国农民丰收节"湖南主题活动、第四届湖南"邮政919扶贫助农电商节""原产地好物——好货出潇湘"公益电商直播等系列活动，助力湖南脱贫攻坚。

抓典型选树，当好"培育者"。推报湖南10名农村青年致富带头人入选第十一届"全国农村青年致富带头人"，黄乐同志获评第十届"中国青年创业奖·脱贫攻坚特别奖"。先后举办扶助有志青年扎根深度贫困地区创业项目产业理论培训会、项目研讨会等活动，推荐4名贫困县负责同志参加碧桂园返乡扎根创业青年清华大学研修班（第二期），推荐22名创业青年参加北京大学湖南省青年创新创业培训，为现代农业发展提供人才保障。

广西：统筹青创人才培养和组织吸纳培优

广西共青团坚持把"青创10万+"工作作为投身打赢脱贫攻坚战的重要任务，着力打通人才培养、产业培育、组织培优"三位一体"有机衔接的工作链条，为贫困地区可持续发展输送新鲜能量。截至 2020 年底，全区累计扶持 6500 余名有志青年扎根贫困地区创业。

加强人才联系培养。围绕"村村都有领头雁，县县都有青创会"的工作目标，积极拓宽联系返乡青年的渠道，大力开发农村创业青年人力资源。2020 年，为适应新冠肺炎疫情防控新要求新形势，主动联系深度贫困地区受疫情影响没有外出务工、选择回乡创业的小商小贩小铺等青年从业者，依托易地搬迁安置点"广西青空间"打造青年创业服务阵地，加强组织覆盖和工作覆盖。目前，各县域团属青创组织连同 14 个设区市青促会、青创会共同作为广西青年创业创新协会团体会员，全区青创组织体系更加完善。

推动产业孵化培育。在技术培训方面，广泛争取资金资源，落地举办全国级、省级及其他区域性示范性创业培训，并组织发动7600 余名返乡青年、青年农场主等参与乡村振兴"领头雁"线上学习培育工作，为广大贫困地区农村青年创业创新赋能。在市场开拓方面，广泛组织开展产销对接、直播带货、以购代捐、以买代帮等活动，帮助贫困地区创业青年搭建资源整合平台、产品销售平台和展示平台。在资金帮扶方面，联合自治区银保监局印发"金团合作"工作文件，重点在 33 个项目县建立农村青年创业金融服务站、完善农村创业青年电子信用档案、开发推广"青"字号专属信贷产品，在中国青年创业就业基金会资金支持下推出桂盛"青创贷"、柳州"青创贷"。在典型选树方面，通过开展"最美青春故事""青年领头雁"评比活动及"创青春"广西青年创新创业大赛系列活动，选树出一大批优秀青年创业者。

重视组织吸纳培优。围绕抓党建团建促产业脱贫的思路，推动贫困地区农村创业青年"领头雁"和村团支部书记"双培双带"，延伸"青创 10 万 +"政治培养链条，使贫困地区农村基层团组织更有凝聚力、战斗力。如隆安县不断畅通"创业青年—致富带头人—村团支书"的培养路径，每年在"青春引擎"培训班上邀请创业成功的村团支书向学员介绍创业经验；百色乐业县采取"团组织 + 公司 + 基地 + 贫困户 + 青年"的组织模式，以项目投资占股的形式，打造了 2600 亩猕猴桃共青团脱贫奔小康产业园，吸纳 88 个村（社区）团支部入股，收益用于村级团组织建设。

江西：五位一体打造"创在江西"服务品牌

"青创 10 万 +"项目实施以来，江西共青团制定高强度扶助专项方案，形成全省青创工作生态链，构建青创基础工作体系，搭建全省青创服务"区块链"，扎实推进落实各项工作安排，截至 2020 年底，累计扶助 3700 余名有志青年扎根贫困地区创业。其中，在提供创业服务方面，江西共青团以"创在江西"为统揽，打造形成"青创赛事、项目孵化、金融扶持、青创人才、青创宣传"五位一体平台。

做响青创大赛。积极承办"创青春"中国青年创新创业大赛（互联网组）等"国"字头赛，创新举办多届"创在江西"等省级青创赛事。第六届"创青春"暨"创在江西"青年创新创业大赛专设农业农村组，重点关注农村电商、农产品加工及销售等产业，着重对国家级（省级）贫困县、精准扶贫、精准脱贫项目给予重点倾斜。同时，团省委指导全省各地市、各县区开展市县区选拔赛，通过大赛，一批优质的精准脱贫农业项目脱颖而出。为促进更多、更加贫困县优质项目快速成长搭建培育平台，江西共青团通过青创大赛赛马平台，发现、甄别贫困县具有核心竞争力、发展潜力巨大的"千里马"，进行了系列重点跟踪帮扶。

做大青创培训。依托江西电商协会等机构和平台，对江西省24个国家级贫困县实施全覆盖电商培训。截至2020年底，团省委积极承接落地中国青年创业大讲堂，吸引全省24个贫困县的创业青年和团干部共计210人参与，为广大青年搭建学习交流平台。团省委与相关机构达成合作，在全省范围内组织青创公益培训会，由县区团委提出申请，省青创团工委协调培训落地安排，累计落地线下培训6场，覆盖创业青年近800人次，面对面帮助创业青年答疑解惑。全省10个国家级（省级）贫困县自主开展电商主题培训，覆盖贫困地区创业青年600余人，帮助青年系统学习电商运营、普及电商创业意识、强化电商创业能力。此外，省青创团工委组织协调各团市、县、区委开展相关青创培训，覆盖创业青年近千人次。

做优金融服务。江西共青团通过担保贷款、股权融资、政府基金扶持等渠道，为青创企业缓解融资难、融资贵问题提供多元化金融服务解决方案。团省委设立了1000万元江西省青年创业担保基金，与北京银行等合作，放大放贷额度至5000万元，初创期企业贷款提供单笔最高20万元的担保支持。联合农商行、交行等金融机构，推出"赣青创贷"，提供10万—100万元的低息贷款支持。与九江银行、省农担公司合作实施"银担惠农贷——赣青支小农创贷"项目，简化流程和手续，为全省农村创业青年等新兴农业经营主体提供惠农金融支持。指导各国家级（省级）贫困县建立特色"青创贷"方案，乐安县青创团工委与当地农商银行签订"青创贷"合作协议，鄱阳县与当地邮政储蓄银行合作成立"青创"金融服务驿站，为当地创业青年搭建"一站式"服务链条。常态化举办投融资活动，重点面向国家级（省级）贫困县，举办投融资对接会，举办青创项目路演活动，为优秀创业项目提供投融资支持及相关服务。大力支持全省 24 个国家级贫困县青创项目挂牌江西青创板，挂牌费优惠50%。

做实结对辅导。与省科协合作，发起"科技扶贫"青创公益支持计划，开展科技导师与创业项目"一对一"结对交流。实际运营方面，按"省农村青年致富带头人 + 创业项目"方式，挂点项目，在整合创业资源等方面予以扶持。团省委通过发动 24 个国定贫困县团委、团属青创组织，遴选一批有意愿参与结对辅导的优质青年创业项目，与省科协专家库导师、省农村青年致富带头人"二对一"辅导，从理论层面和实战层面为青年创业者提供指导和支持。

做深市场拓展。为拓宽农产品销售渠道，团省委积极对接各大销售平台，如华润万家、绿滋肴等省内大型商超，芒果青年、中快食堂等高校食堂，着力解决贫困县区青创产品销售"无门无路"难题。

湖北：整合资源推动青创服务到人到项目

湖北共青团按照"青创 10 万 +"总体工作安排，专题研究，集中部署，分级落实，围绕各项主要工作路径，积极推进湖北贫困地区创业扶助工作，助力湖北疫后重振。截至 2020 年底，湖北各级团组织累计扶助 3500 余名有志青年扎根贫困地区创业。

建立健全组织网络。由团省委在建章立制、规范管理、统筹资源等方面牵头引导，支持湖北 37 个国家级贫困县和省级贫困县团委成立县级团属青创组织，并联合地市级团委对组织加强工作指导和资源倾斜。各贫困县依托"团银"合作平台广泛吸收金融干部到团县委挂职，担任县级团属青创组织副秘书长等，助力开展农村青年创业小微金融服务，进一步为组织会员企业对接资金支持提供便利。

定制化开展创业服务。以项目化方式开展创业培训。以"创青春"省赛为依托，省青创中心联合市、县级团委举办"湖北青年创业先锋训练营"活动，邀请各贫困县创业青年参训；依托省青年创业导师团，有针对性地在贫困县举办湖北青年创业大讲堂、青年创业沙龙等活动，举办农村青年致富带头人培训、农村青年电商创业培训等扶贫专场培训；通过提供经费、匹配导师等方式支持市、县团委因地制宜开展培训，各级团组织累计培训贫困地区创业青年3200余人。紧扣需求提供创业服务。各贫困县团委结合区位特点与青年创业意向，邀请企业家、金融系统工作人员、知识产权律师等建立创业导师团队，针对青年创业初期普遍存在的经验缺乏和渠道不畅等突出问题，进行面对面辅导帮助；举办青年创业讲坛，积极与县域创业孵化园区联合，鼓励青年创业者入驻并组织开展创业培训、创业沙龙、公益活动、项目路演等活动。依托各类赛事遴选支持项目。由团省委联合相关省直厅局、有关地市团委、武汉股权托管交易中心、正大集团等单位共同举办"创青春"系列赛事、互联网营销大赛、大学生"石榴杯"创业大赛，与河南、陕西等兄弟省份共同开展"2020汉江流域创客英雄汇"等共计14场创新创业赛事，支持市、县两级团委因地制宜举办赛事活动，遴选产生了170余个优质青年创业项目，引导支持了一批返乡创业青年扎根家乡创业。

对接各类资金政策支持。联合省人社厅、教育厅，共同实施"湖北省大学生创业扶持项目"，2019—2020年共扶持2013个大学生创业项目，拨付扶持资金5987万元，其中全省37个贫困县青年创业项目共获得资金扶持600余万元。持续开展"田园小康"项目，2018至2019年共计为87个贫困县青年创业项目发放扶持资金29.6万元。试点推进小额贷款项目，在中国青年创业就业基金会的指导支持下，联合省人社厅、财政厅、人行武汉分行、省农村信用联社开展小额财政贴息的"青创贷"项目，截至 2021 年 6 月，首期"青创贷"已为全省 679 个青年创业项目、小微企业发放金融扶持贷款 1.5 亿元，并启动湖北"青创贷"（第二期）项目，预计将提供 10 亿元财政贴息贷款。联合武汉股权交易托管中心，为贫困县创业青年提供融资融智创业课程及股权知识培训，项目开展以来共有 21 家贫困县优秀创新创业企业在省青年创新创业板成功挂板，11 家贫困县企业获得融资。

重庆：将青创扶贫工作做专、做深、做精

重庆共青团聚焦 14 个扶贫开发重点区县和 18 个深度贫困乡（镇），重点围绕创业培训、结对辅导、金融扶持、资金资助、青创组织、青创活动、典型选树等七个方面开展创业扶贫工作，累计扶持 3500 余名青年扎根贫困地区创业。

做专创业培训。丰富培训内容，针对贫困地区青年不同需求，围绕农业科技信息技术、农村电商、管理与营销、种植养殖技术等内容开展青创专项培训 54 场，培训创业青年 1712 人。创新培训方式，联合北京大学创业训练营、山东省农业科学院开展网络直播带货、农村电商培训 15 场，培训创业青年 398 人。提升培训质量，开展青创训练营、"新芽计划"涉农技术培训、初创班、青创涉农培训班、"青创桥·平台提升计划"系列专题青创培训 10 期，覆盖创业青年 317 人。

做优结对辅导。成立青创导师团，吸纳全市优秀企业家、孵化器负责人、金融机构负责人 50 余人，为贫困区县创业青年提供创业辅导、项目评审、青创培训等服务，覆盖创业青年 98 名。深入基层

指导，依托重庆市青年企业家协会、重庆市青年商会组建18支产业扶贫分队走进18个深度贫困乡镇，对优秀青创项目进行产业对接和项目辅导。

做强金融扶持。实施金融扶持行动，在贫困区县实施"未来企业家培养青锋计划"，为34名贫困区县创业青年发放免息借款370万元，带动485户贫困户脱贫增收。

做实资金资助。实施"返乡青年助力脱贫攻坚项目"，通过举办定向涉农创业大赛，从深度贫困乡镇遴选出18个优秀涉农青年创业项目，以"资金变股金"的方式资助95户贫困户190万元入股青年创业项目，累计分红17.15万元。实施"贫困区县青年扶持计划"，通过线上项目路演和实地走访，遴选贫困区县优秀涉农青年创业项目51个，提供发展资金592万元，带动产业发展，促进就业增收。实施"对口扶贫产业帮扶计划"。支持开州区大进镇发展集体经济27万元，培育当地特色产业青脆李和中药材项目，带动当地村民脱贫增收。

做精青创组织。在全市14个贫困区县成立青创组织，吸纳农村青年致富带头人、青年企业家、返乡创业青年等238名，相继出台管理办法和健全工作机制，开展走访会员企业活动80余次、项目巡诊活动40余次，自主开展各类创新创业主题培训30场次。

做大创业活动。指导贫困区县团委开展"青锋面对面""创业工作坊""创业巡诊"等活动40场次，覆盖创业青年653人，解决青创服务"最后一公里"问题。举办"农行杯"中国青年电商农产品销售大赛、"创青春"重庆青年创新创业大赛、重庆青年乡村振兴创新创业大赛等赛事活动，为219名涉农青年创新创业项目提供展示交流、投融资对接、项目孵化的平台。

做亮典型选树。通过中国青年报、人民网、新华网、重庆日报、华龙网等媒体，广泛宣传贫困地区青年创业典型 20 余篇。联合重庆经济广播电台制作《重庆共青团——青创团团帮》栏目，为 32 名贫困区县创业青年提供项目展示、答疑解惑、经验交流的媒体平台。推荐贫困区县创业青年参加第十一届"全国农村青年致富带头人"评选，6 名创业青年荣获"全国农村青年致富带头人"称号。

第五章　乡村振兴再启航

实施乡村振兴战略，是党的十九大作出的重大决策部署，是决胜全面建成小康社会、全面建设社会主义现代化国家的重大历史任务，是新时代做好"三农"工作的总抓手。共青团深入学习贯彻习近平新时代中国特色社会主义思想和党的十九大及十九届历次全会精神，学习贯彻习近平总书记关于青年工作的重要思想，根据新时代"三农"工作部署和国家乡村振兴战略规划，结合共青团和青年工作实际，聚焦团的主责主业，以服务、凝聚、培养青年人才为切入点，深入开展乡村振兴青春建功行动，组织动员广大青年投身乡村振兴战略实施。

乡村振兴背景下的青年创业机遇

党的十九大以来，我国陆续发布《中共中央国务院关于实施乡村振兴战略的意见》《国家乡村振兴战略规划（2018—2022年）》《中共中央关于制定国民经济和社会发展第十四个五年规划和二〇三五年远景目标的建议》《中共中央国务院关于实现巩固拓展脱贫攻坚成果同乡村振兴有效衔接的意见》《中共中央国务院关于全面推进乡村振兴加快农业农村现代化的意见》《关于加快推进乡村人才振兴的意见》《关于向重点乡村持续选派驻村第一书记和工作队的意见》等系列政策文件，为推进乡村振兴作出了战略规划和全面部署，2021 年 6 月 1 日起施行的《中华人民共和国乡村振兴促进法》，进一步为乡村振兴战略的实施夯实了法律保障，这些政策文件，为推进乡村振兴战略提供了重要指引。鉴于共青团乡村振兴青春建功行动以服务、凝聚、培养青年人才为切入点，以下重点结合政策文件中涉及乡村人才振兴及支持农村青年创业相关内容进行梳理，为各级团组织下步开展青年创业服务工作提供参考。

（1）强化人才支撑

《国家乡村振兴战略规划（2018—2022 年）》提出，要强化乡村振兴人才支撑，实行更加积极、更加开放、更加有效的人才政策，推动乡村人才振兴，让各类人才在乡村大施所能、大展才华、大显身手。

在培育新型职业农民方面，明确要全面建立职业农民制度，培养新一代爱农业、懂技术、善经营的新型职业农民，优化农业从业者结构。创新培训组织形式，探索田间课堂、网络教室等培训方式，支持农民专业合作社、专业技术协会、龙头企业等主体承担培训。

在鼓励社会人才投身乡村建设方面，明确要建立健全激励机制，研究制定完善相关政策措施和管理办法，鼓励社会人才投身乡村建设。以乡情乡愁为纽带，引导和支持企业家等，通过下乡投资兴业等方式服务乡村振兴事业。开展乡村振兴青春建功行动。建立城乡、区域、校地之间人才培养合作与交流机制。

《关于加快推进乡村人才振兴的意见》指出，坚持把乡村人力资本开发放在首要位置，大力培养本土人才，引导城市人才下乡，推动专业人才服务乡村，吸引各类人才在乡村振兴中建功立业，健全乡村人才工作体制机制，强化人才振兴保障措施，培养造就一支懂农业、爱农村、爱农民的"三农"工作队伍，为全面推进乡村振兴、加快农业农村现代化提供有力人才支撑。

在加快培养农业生产经营人才方面，一方面，要培养高素质农民队伍，深入实施现代农民培育计划，重点面向从事适度规模经营的农民，分层分类开展全产业链培训，加强训后技术指导和跟踪服务，支持创办领办新型农业经营主体。实施农村实用人才培养计划，加强培训基地建设，培养造就一批能够引领一方、带动一片的农村实用人才带头人。另一方面，要突出抓好家庭农场经营者、农民合作社带头人培育。深入推进家庭农场经营者培养，完善项目支持、生产指导、质量管理、对接市场等服务。建立农民合作社带头人人才库，加强对农民合作社骨干的培训。鼓励农民工、高校毕业生、退役军人、科技人员、农村实用人才等创办领办家庭农场、农民合作社。

在加快培养农村二、三产业发展人才方面，一是培育农村创业创新带头人。不断改善农村创业创新生态，稳妥引导金融机构开发农村创业创新金融产品和服务方式，加快建设农村创业创新孵化实训基地，组建农村创业创新导师队伍。二是壮大新一代乡村企业家队伍。通过专题培训、实践锻炼、学习交流等方式，完善乡村企业家培训体系，完善涉农企业人才激励机制。加强农村电商人才培育，提升电子商务进农村效果，开展电商专家下乡活动。依托全国电子商务公共服务平台，加快建立农村电商人才培养载体及师资、标准、认证体系，开展线上线下相结合的多层次人才培训。三是培育乡村工匠。挖掘培养乡村手工业者、传统艺人，通过设立名师工作室、大师传习所等，传承发展传统技艺。在传统技艺人才聚集地设立工作站，开展研习培训、示范引导、品牌培育。支持鼓励传统技艺人才创办特色企业，带动发展乡村特色手工业。

《中华人民共和国乡村振兴促进法》就乡村振兴产业发展方面，明确各级人民政府应当完善扶持政策，加强指导服务，支持农民、返乡入乡人员在乡村创业创新，促进乡村产业发展和农民就业。就人才支撑方面，明确国家健全乡村人才工作体制机制，采取措施鼓励和支持社会各方面提供教育培训、技术支持、创业指导等服务，培养本土人才，引导城市人才下乡，推动专业人才服务乡村，促进农业农村人才队伍建设。各级人民政府应当采取措施，加强职业教育和继续教育，组织开展农业技能培训、返乡创业就业培训和职业技能培训，培养有文化、懂技术、善经营、会管理的高素质农民和农村实用人才、创新创业带头人。

对应乡村振兴"产业兴旺、生态宜居、乡风文明、治理有效、生活富裕"的总要求，青年创业主要参与"产业兴旺"对应的农村经济建设领域，对青年人才的需求主要集中于农业生产经营人才和农村二、三产业及融合产业发展人才。

——农业生产经营人才

大力发展现代农业是乡村产业兴旺的重要支撑，也是国家确保粮食安全、食品安全、生态安全以及满足城乡群众高品质多样化物质文化需求的重要保证。个体分散经营种植养殖农业是我国传统农业社会发展的历史延续，在新的社会需求和全球化国际市场竞争环境下，向科技化、信息化、智能化、专业化、规模化、市场化、品牌化的现代农业转变迫在眉睫，因而亟须建设与现代农业相适应的农业生产经营人才体系，重点培养一支高素质农民队伍，培育一批家庭农场经营者、农民合作社带头人。新形势下的农业生产经营人才应当熟悉国家农业发展趋势与方向，知悉城乡居民的农业产品服务需求，掌握现代农业科技及相关职业技能，擅长农业经营管理，并能发挥创业项目对本地就业和群众增收的辐射带动作用，实现引领一方、带动一片的效果。

——农村二、三产业及融合产业发展人才

乡村产业兴旺有赖于农村一、二、三产业的深度融合，需要发掘农业农村的新功能新价值，培养新产业新业态，构建农村产业融合发展的新载体新模式，深入推进农业农村产业链的延伸、创新与融合发展，以便更好地满足城乡居民的高品质多样化需求，创造更高的市场价值与企业利润，推动乡村产业良性循环发展，促进乡村产业的全面振兴。乡村二、三产业及融合产业发展人才应当了解农业农村优质资源在经济、生态、文化、社会等方面的新价值，着眼于满足城乡居民在这些方面的需求拓展升级，提高自身在资源整合、产品开发、技术创新、品牌营造、市场对接、客户服务等方面的能力素质，逐渐向农村创业创新带头人、电商人才、乡村工匠等方向发展。

此外，乡村振兴战略的推进，也为创业青年提供了更多介入乡村公共服务的机遇。一是以商业创业方式，在既有乡村公共服务体系下挖掘需求，提供更具针对性、互补性、提升性的市场化服务，如承接政府购买服务为本地创业青年提供职业技能培训、商业咨询、孵化服务等，成立托管机构、养老机构等，面向儿童、老人提供社会化照管服务。需要创业青年敏锐捕捉既有公共服务体系下的社会化机会，加强与有关部门的协同合作，提升服务质量。二是以公益创业方式，成立协会组织、社会企业等，通过提供服务助力乡村文化旅游体育人才队伍建设。如中国青年创业就业基金会裕元创新创业公益基金资助支持了一批青年体育公益类社会组织，通过它们组织一批退役运动员、教练员、体育专业师生等到贫困地区中小学提供体育指导志愿服务，将退役运动员就业同助力农村中小学体育教育紧密结合。需要创业青年具备公益情怀和奉献精神，设计开发优质公益产品，通过社会化手段助力培育乡村各类人才、解决社会问题，助力社会效益的提升。

（2）助推产业发展

《国家乡村振兴战略规划（2018—2022年）》提出，发展壮大乡村产业要以完善利益联结机制为核心，以制度、技术和商业模式创新为动力，推进农村一、二、三产业交叉融合，加快发展根植于农业农村、由当地农民主办、彰显地域特色和乡村价值的产业体系，推动乡村产业全面振兴。其中，在推动农村产业深度融合方面，一是要发掘新功能新价值。顺应城乡居民消费拓展升级趋势，结合各地资源禀赋，深入发掘农业农村的生态涵养、休闲观光、文化体验、健康养老等多种功能和多重价值。遵循市场规律，推动乡村资源全域化整合、多元化增值，增强地方特色产品时代感和竞争力，形成新的消费热点，增加乡村生态产品和服务供给。实施农产品加工业提升行动，支持开展农产品生产加工、综合利用关键技术研究与示范，推动初加工、精深加工、综合利用加工和主食加工协调发展，实现农产品多层次、多环节转化增值。二是要培育新产业新业态。深入实施电子商务进农村综合示范，建设具有广泛性的农村电子商务发展基础设施，加快建立健全适应农产品电商发展的标准体系。研发绿色智能农产品供应链核心技术，加快培育农业现代供应链主体。加强农商互联，密切产销衔接，发展农超、农社、农企、农校等产销对接的新型流通业态。实施休闲农业和乡村旅游精品工程，发展乡村共享经济等新业态，推动科技、人文等元素融入农业。强化农业生产性服务业对现代农业产业链的引领支撑作用，构建全程覆盖、区域集成、配套完备的新型农业社会化服务体系。清理规范制约农业农村新产业新业态发展的行政审批事项。着力优化农村消费环境，不断优化农村消费结构，提升农村消费层次。三是要打造新载体新模式。依托现代农业产业园、农业科技园区、农产品加工园、农村产业融合发展示范园等，打造农村产业融合发展的平台载体，促进农业内部融合、延伸农业产业链、拓展农业多种功能、发展农业新型业态等多模式融合发展。加快培育农商产业联盟、农业产业化联合体等新型产业链主体，打造一批产加销一体的全产业链企业集群。推进农业循环经济试点示范和田园综合体试点建设。加快培育一批"农字号"特色小镇，在有条件的地区建设培育特色商贸小镇，推动农村产业发展与新型城镇化相结合。

"青创10万+"项目实施期间，各级团组织累计遴选资助了1600余个贫困地区优秀青年创业项目，联合金融机构为3.08万个贫困地区青年创业项目提供贷（借）款支持。对这些受资助项目主营业务的分析显示，贫困县青年创业主要基于县域产业基础、资源禀赋、基础设施等条件，依托个体工商户、家庭农场、专业合作社及加工、小微企业等经营主体，围绕城乡居民需求开展相关创业项目。从产业类型上看，一产、三产、电商创业是主流。其中，一产创业主要集中于附加值较高的本地特色经济作物品种改良和规模种植，典型如蔬、果、茶、药、桑、花等，以及家禽、家畜、水产、特种养殖，典型如鸡、羊、猪、牛、鱼等。二产创业主要涉及农产品初加工、深加工、主食加工等，部分地区因地制宜开展服装制作、家具制造、石料加工等产业。三产创业，一方面，聚焦于批发零售、交通运输、住宿餐饮、居民服务等传统服务领域；另一方面，文化创意、物流快递、教育咨询、互联网传媒等新业态蓬勃发展，幼儿托管、老人护理等服务领域也渐成趋势。一、二、三产融合创业方面，重点集中于乡村文旅领域，涉及生态游、乡村游、观光游、休闲游、农业体验游、保健养生游、文化游等业态。电商创业方面，主要包括电商销售、"电商＋物流运输"、"互联网＋自媒体＋主播孵化＋电商直播带货"等形式。这些项目仍是乡村振兴阶段共青团要重点联系服务的项目，对指导下步创业服务工作具有一定参考意义。

进一步实地调研和座谈交流发现，贫困地区青年创业项目普遍规模相对较小，创业形态较为初级，在延伸产业链提升价值、商业模式创新、技术运用等方面存在较为明显的短板，有待继续优化提升。需要广大创业青年深入学习乡村振兴战略关于产业兴旺的政策部署，把握城乡发展格局发生重要变化的机遇，培育农业农村新产业新业态，打造农村产业融合发展新载体新模式，推动要素跨界配置和产业有机融合，在一、二、三产业融合发展中同步升级、同步增值、同步受益。

深化实施乡村振兴青春建功行动

(1) 工作内容

2019 年 3 月，团中央印发《关于深入开展乡村振兴青春建功行动的意见》(以下简称《意见》)，这是全团推进乡村振兴青春建功行动的"路线图"。《意见》明确，乡村振兴青春建功行动的工作目标是坚持政治引领、价值引导与实践育人相结合，让习近平新时代中国特色社会主义思想在广大青年中入脑入心见行动，在新时代乡村全面振兴的伟大实践中，培养造就一支懂农业、爱农村、爱农民的"三农"青年工作队伍，带领广大青年听党话、跟党走，为实施乡村振兴战略、加快农业农村现代化步伐贡献青春力量。

乡村振兴青春建功行动的工作内容以培育本土人才兴乡、服务在外人才返乡、动员社会人才下乡为重点，大力培养、凝聚、举荐一批在乡村大施所能、大展才华、大显身手的青年人才。一是培育本土人才兴乡。整合各类培训资源，分层分类开展农村青年人才培养工作，塑造一批爱农业、懂技术、善经营的"三农"青年人才，增强农业增效、农村发展、农民致富的内生动力。二是服务在外人才返乡。着力服务高校学子和外出务工青年返乡，想方设法创造条件、激发热情、做好保障，让外出青年回得来、留得住、干得好，成为建设美丽宜居家乡的中坚力量。三是动员社会人才下乡。组织动员各类专业人才关注、支持、投身乡村振兴，发展乡村产业、改善基础设施、美化乡村环境、促进公共服务、提升乡风文明。

产业兴旺是乡村振兴的重要前提，促进青年创业是乡村振兴青春建功行动的重要内容。《意见》明确，在培育本土人才兴乡方面，大力培养农村青年创新创业人才。依托农村青年创业致富"领头雁"培养计划、青年农村电商培育工程、"青创10万+"等工作项目，加强县级青年创业组织建设，指导青年围绕设施农业、农产品加工业、休闲农业与乡村旅游、农产品流通与电子商务等农村一、二、三产业创新创业，积极培育家庭农场、农民合作社、手工作坊、乡村车间和小微企业等新型农业经营主体。大力发展线上"青创课"三农讲堂，线下举办"农村青年创业大讲堂""中国青年创新创业人才训练营"等活动，传播农村青年创业先进事迹，教授政策、法律、财务、商标等基本知识。在服务在外人才返乡方面，积极服务外出青年返乡就业创业。加强煤炭、餐饮、钢铁、汽车、港口、铁路、邮政等外出务工青年相对集中的行业团组织建设，开展"三农"政策宣讲、展示美丽家乡、乡村志愿服务等活动，引导青年关注家乡发展、涉农创业机遇以及产业融合机会，增强与家乡的联系、转变就业观念、拓展创业领域。服务外出青年返乡创业，搭建返乡就业岗位和创业项目对接平台，通过理论培训、创业实训、企业孵化、金融支持、导师辅导、跟踪服务等方式，服务返乡青年开展涉农创业。在动员社会人才下乡方面，着力组织青年下乡协同创新。按照"不求所有、但求所用"的工作思路，打造由专家学者、技术能手、知名企业家以及社会组织骨干组成的乡村振兴青年人才智库。通过讲课讲学、项目合作、技术指导、结对帮扶、决策咨询等多种形式"柔性引才"，为技术攻关、产业发展、乡村治理、生态保护等提供智力支持。

2020 年 7 月，团中央发布《关于深入贯彻落实习近平总书记重要讲话精神 统筹共青团投身打赢脱贫攻坚战与开展乡村振兴青春建功行动的工作指引》，明确各级团组织要坚持助力脱贫攻坚与动员青年投身乡村振兴相衔接，将已摘帽贫困县作为重点，培育本土人才兴乡、服务在外人才返乡、动员社会人才下乡。在培育乡村产业青年人才、推进青年创业服务工作方面，以"青创 10 万 +"、农村青年创业致富"领头雁"培养计划、外出青年返乡创业"燕归巢"工程、农村青年电商培育工程等重点项目为抓手，普遍成立青年创业者组织，提供导师结对、创业辅导、项目培育、金融扶持、要素对接等服务。

2021 年 10 月，团中央印发《关于深化实施乡村振兴青春建功行动的工作方案》(以下简称《方案》),《方案》明确，要在《关于深入开展乡村振兴青春建功行动的意见》基础上，进一步发挥优势、突出重点，深化实施乡村振兴青春建功行动。

基本考虑是，以习近平新时代中国特色社会主义思想为指导，适应党的"三农"工作重心历史性转移的形势要求，准确把握中央关于全面推进乡村振兴的总体部署，认真落实巩固拓展脱贫攻坚成果同乡村振兴有效衔接的各项任务，牢牢立足为党培育乡村振兴青年人才的根本逻辑，结合共青团和青年工作实际，以乡村振兴青春建功行动为统揽，统筹服务乡村振兴和服务乡村青年发展，围绕产业、人才、文化、生态和组织振兴，重点开展助力乡村青年人才成长、助力乡村社会建设、帮助乡村困难学生学业、帮助乡村青年创业就业等工作 (简称"两助两帮")，着力将工作成果转化为组织成果和政治成果，促进共青团工作在农业农村领域打开新局面，团结引领广大青年在全面推进乡村振兴、加快推进农业农村现代化进程中建功立业。

工作目标是，到 2025 年，共青团服务乡村振兴战略的工作框架全面确立、重点更加突出、机制更加完善、功能更加凸显，形成一批叫得响、立得住、具有共青团特色的工作项目和服务品牌，基本实现"县县有组织、乡乡有阵地、村村有能人"的工作格局，广大青年在乡村振兴中发挥更大作用、贡献更大力量。

《方案》正式提出了"帮助乡村青年创业就业"的重点任务，明确要遵循县域经济发展规律，以县域团属青年创业组织建设和运营为牵动，广泛整合创业服务项目和资源，实现创业青年组织化、服务载体常态化、工作成效可视化，切实提升共青团服务青年返乡入乡创业工作实效。以地方普通高校乡村困难家庭毕业生、外出务工农村青年、"两后生"等群体为重点，提供精准就业帮扶，提升就业质量。到 2023 年，实现县域团属青年创业组织建设全覆盖，各级团组织年度联系服务创业青年不少于 20 万人次；到 2025 年，县域团属青年创业组织普遍加强，功能较为健全，力争为每个村培养 1 名青年电商人才。

(2) 具体路径

——组织建设

持续深入推进创业就业类县域团属青年组织建设，凝聚乡村青年人才。一是提升组织建成率，按照《县级团属青年社会组织建设工作方案》及有关工作要求，推动县域组织覆盖、规范建设，增强组织吸纳能力，广泛吸纳乡村振兴青年创业人才。二是提升组织服务力，将县域团属青创组织纳入团的工作体系，围绕政策解读、资金资助、培训交流、导师结对、金融扶持、直播带货等方面，加大项目资源、资金资源倾斜力度，强化组织功能，结合实际开展相关工作。三是培育组织带头人，推荐一批农村致富能手、外出务工经商返乡能人等通过团组织推优加入党组织，担任团的挂兼职干部，向村"两委"推荐一批青年才俊，推动组织和队伍的建立建强。

——创业培训

采用"分级组织实施、线上线下结合"的方式面向创业青年开展培训，扩大创业培训规模。一是由团中央层面配套部分资金、匹配导师，通过直接举办或省级团委承办等方式，分片区举办中国青年创业大讲堂、中国青年创新创业训练营等全国示范性品牌培训活动。二是结合"创青春"大赛、中国青年创新创业交流营等全团品牌活动，开展面向乡村青年的专项培训，探索举办面向创业导师的培训研讨活动。三是大力推广系列云课，联合有关部门、企业、高校、社会创业服务机构等定制专题课程，支持县域团属青创组织以及各领域青年创业者在线学习。四是支持地方团组织因地制宜开展系列特色创业培训活动，团中央层面从支持培训资金、匹配创业导师、协调培训项目等方面提供支持。

——导师结对

根据建立完善青年创业导师制度和运行机制的工作考虑，坚持基层导向、精准服务、有效对接的原则，推动全国、省、地市三级青年创业导师与县域团属青年创业组织和创业青年结对，力争为每名乡村创业青年骨干、每个县域团属青年创业组织至少分别配备1名创业导师。开展"乡村振兴青年创业"专项服务，发挥创业导师作用，采用讲座交流、项目巡诊、市场对接等方式，重点以县域为单位开展创业服务活动。

——金融扶持

落实《中国银保监会办公厅 共青团中央办公厅关于进一步加强农村青年创业金融服务的通知》，指导支持省市县团委与属地金融机构合作开发金融产品，优化农村青年创业金融服务。在扎实推进"银团合作"基础上，做强做优乡村青年创业金融服务。一是团中央层面继续协调优惠政策、配套风险补偿金、设计专项产品等，由青创基金会联合有意愿、有基础的省级团委开展小额贷（借）款、大额农业贷款担保等项目，或为省级团委运行成熟的金融项目提供资金资源"加磅"支持，扩大"青"字号创业金融项目覆盖范围，为创业青年提供优惠、便捷的金融产品。二是摸清工作底数，汇集地方团组织金融扶持模式成效，支持各省级团委因地制宜创新金融扶持工作，以进一步优化项目政策、扩大项目规模，并为未在省级层面统筹金融扶持项目的省份提供经验指导。三是引导各地团组织加强金融扶持项目的配套服务，特别是依托县域团属青创组织，为受贷青年提供导师结对、项目巡诊、交流考察、市场对接等服务，团中央层面可提供适当资源支持。四是加强风险防控，进一步深化"银团合作"分工，尊重市场规律，注重在贷前、贷后发挥团的政治引领和服务管理作用，通过完善多方担保机制、配套创业服务、优化放贷政策等手段，推动金融项目良性持续发展。

实施乡村振兴"头雁计划"，整合资金扶持优秀青年创业示范项目。到 2025 年，团中央在乡村振兴领域直接资助不少于 1000 个项目，带动各地培养大批高质量创业项目，向县域团属青创组织及乡村振兴重点县倾斜。同时，联合省级团委及有关社会创服机构，按照组织、资金、金融、课程、导师、活动、孵化的"七个一"的支持体系，根据支持对象的特征，对入选支持计划的创业项目提供针对性、常态化的综合服务，纳入扶持项目库。同时，将入选项目负责人、骨干纳入青创人才培养"先锋计划"进行综合培养、跟踪服务，培育一批优秀青创项目，培养一批青年创业先锋。

——电商培育

以青年农村电商培育工程为统揽，通过培训交流、导师结对、资源对接等方式，广泛培育扎根乡村的青年电商人才，促进农产品上行，推动农业农村数字化转型升级，带动农民就业创业。重点开展"青耘中国"直播助农等活动，凝聚动员网络达人、电商从业青年、高校大学生等群体，围绕绿色发展、老区建设、民族团结、乡村文旅、农民丰收节、定点帮扶等主题开展系列活动，力争全团每年不少于2000场。

——展示交流

持续办好"创青春"中国青年创新创业乡村振兴专项赛会。动员涉农院校、网络达人等各方力量，成立涉农院校大学生服务乡村振兴联盟、"青耘中国"直播助农联盟等组织，广泛培育凝聚各类乡村振兴青年人才。

——促进就业

以"千校万岗"大中专学生就业精准帮扶计划为抓手，健全团干部结对帮扶机制，指导各级团干部尤其是高校团干部与1至3名地方普通高校乡村困难家庭毕业生结对，提供就业指导，推荐就业信息，持续跟踪服务，促进岗位对接和就业精准帮扶。发挥行业团委以及青联、青企协等组织渠道整合岗位资源，遴选优质人力资源中介机构、互联网平台汇集岗位信息，依托团的组织体系开展劳务合作、劳务输出，拓宽乡村青年外出就业和就地就近就业空间。会同人力资源社会保障、农业农村等部门，重点为"两后生"等群体提供职业培训、权益维护、岗位对接等就业服务。

下　篇

对话：青春群像

本篇章围绕设施农业、规模种养、农产品加工、农产品流通、乡村文旅、民俗民族工艺等重点领域，选取了24个各具特色的先进青年创业人物典型，通过第一手的访谈资料，为读者呈现人物背后的成长轨迹与心路历程，同时展示当地团组织的扶持扶助纪实。

第六章　种养业里的大学问

石彦方：敢教荒山换新颜

人物简介：石彦方，出生于河北省石家庄市赞皇县，2014 年与其他 6 名返乡大学生共同创业，注册成立了河北恒实农业技术开发有限公司，发展现代农业。秉持发展高效、绿色、健康、品牌农业的理念，带领山区百姓走上产业脱贫致富的道路。公司先后获 2018、2020 年度石家庄市级农业产业化重点龙头企业，获"2018 年度河北省扶贫龙头企业"等荣誉称号。

创业心语：在这片广袤的土地上，能够得到党委、政府的栽培和扶持，我充满信心。身为一名青年创业者，我希望更多的年轻人投身农业，扎根基层，建设乡村。希望能通过自身的经历，吸引广大有志青年回到家乡创业，为家乡建设贡献自己的力量！

引语

被誉为"南北通衢，燕晋咽喉"的石家庄，地处中国华北地区、河北省中南部、环渤海湾经济区，既是河北省省会，也是本省政治、经济、科技、金融、文化和信息中心。

隶属于石家庄市的赞皇县，位于河北省西南部、太行山中段东麓，因境内有赞皇山而得名。2005 年，赞皇县被联合国教科文组织首批命名为"千年古县"。

赞皇县地势西高东低，水土流失严重。西部、西南部为巨壑纵横的深山区，面积 184.95 平方千米，占赞皇县面积的 22.23%。赞皇县地处太行山中段东麓地，作为水土流失重灾区，全村人均耕地少，村里不少农家人成家也成了难题。

初冬的早晨，阳光拨开晨雾，普照在赞皇县莲华农庄的每一寸土地上，一切都笼罩在温暖中。石彦方站在办公楼二楼举目远眺，当初那片荒凉的岗坡，如今已变身成现代农业生态观光园。一切都显得生机盎然，石彦方禁不住感慨万千。

7 年前，石彦方等 7 名从赞皇县走出去的大学生，在事业有成之时，选择放下大城市优越的生活，重新回到了这片生养他们的故土。

他们用知识和技术带领乡亲们走农业产业化、市场化的发展道路，让贫瘠的荒山旱地结出金元宝，同时让家乡的山更青、水更绿。

"世界纵然很大，但这片故土最值得牵挂；城市固然精彩，但回家乡创业更踏实。"他们为心中理想书写着新时代愚公的故事。

回归故里育希望，新式农民帮大忙

问：就业与创业对每一位青年人来说都是很大的挑战，而创业的道路更是举步维艰，可以说是一路荆棘、困难丛生。我们了解到，您在当时有一份稳定的工作，能讲讲是什么机遇让自己萌生出返乡创业的想法，您在创业之初又遇到了哪些困难？

石彦方：我和韩国旺、王梦雁、张立久、石国义、王锁文、石庆芳都是从赞皇县走出去的大学生，在我们心里，"故乡"是一个充满感情色彩的词，也是我们重新开始梦想的地方。

　　我们几人都来自农村，对农村充满热爱。应当说，现在的农村和过去已经很不一样，现代化农业需要懂技术、懂市场的创业者。当初也有很多人不理解我们，包括最亲的家人。

　　但是我们觉得，当农民不是什么丢人的事儿，我们有信心做好农民，也有信心带领乡亲们一起致富。2014年，我们决定一起回家乡创业，做新式农民。

　　我们"七兄弟"回归故里，心里特别踏实。在自己的家乡，呼吸着熟悉的泥土气息，播撒青春与汗水，感觉很自在！我们很快注册成立了河北恒实农业技术开发有限公司，发展现代农业。在张楞、龙门两乡，流转了3000余亩土地，其中大部分是几近荒芜的岗坡次地。

成为新式农民的"七兄弟"

　　这里的荒地很多，在土地流转前，我们找来省农科院和农业局的专家教授，多次对这片土地的土质进行检测，结果显示这里适合种植优质高效的果木树。通过组织市场调研、专家论证、借鉴先进农业地区发展经验模式，我们选育优良种植品种、土地改良、兴修水利……建立起了 3000 亩农业标准化示范基地。

赞皇县是一个"七山二滩一分田"的山区县，县内耕地多为岗坡次地，少雨缺水，乡亲们种植传统农业收益有限，遇上干旱年头，收成更是寥寥无几。我清楚地知道，以科技作推动力，因地制宜，荒山次地也可以结出金元宝。

为了解决水源问题，我们咨询了水利专家，铺设了大约 10 公里的输水管道。根据坡地的特殊地形，铺设了完善的水利管道，保障每一分田都能实现水利灌溉。

创业团队帮助赞皇县完善水利管道

为了解决坡地耕种和物资运输困难的问题，我们多方筹措资金，将基地的主要作业路平整硬化。之后，我们通过考察农业产业较发达地区，引进种植了素有"民间圣果"之称的桑葚，以及深受市场欢迎的各类鲜食枣、中华寿桃、珍珠油杏、高端苹果等多种市场价值较大的新型果木树。

除此之外，根据市场需求，我们还种植了多种小杂粮和各类蔬菜，以满足周边县（市、区）居民的"菜篮子""米袋子"需求。我们相信，种下的不仅仅是一棵棵的树苗，更是改变家乡面貌、带领百姓实现农业经济发展的决心和对美好未来的憧憬。

科技兴农助脱贫，争做攻坚排头兵

问：用科技助力脱贫攻坚和乡村振兴，是经过实践检验的有效路径。我们了解到您的企业在赞皇县农业技术推广应用上有突出贡献，能简要介绍一下吗？

石彦方：我个人认为，返乡创业就是要带领父老乡亲走出面朝黄土背朝天的苦日子，摆脱贫困，走向富裕。这也是我们"七兄弟"一直以来的奋斗目标。

为解决技术问题，我们尽己所能，兴建了四座大型蓄水池，满足了周围五六千亩耕地的灌溉需要，为周边百姓农业种植提供了水利保障。

定期义务为周边的贫困群众传授果树的种植技术，以低于市场的价格为农民提供优质种苗，帮助农民发展绿色标准林果种植业，并为农民种植的产品提供销路。

优先录用有劳动能力的贫困户在园区常年务工，使他们每年有两三万元的固定收入，帮助他们走出贫困。

与此同时，我们根据之前的学习和相关产业调研了解到，要走好新型农业产业化的路子，单凭激情和热情是不够的，更需要技术的与时俱进！

我们先后与农业类大专院校、科研院所、相关单位建立了紧密合作关系，在果树品种选育、嫁接技术、优质丰产栽培等方面进行了大量的研究工作。

多所大专院校专家教授常年为公司技术人员传授品种选育及果树管理等技术，为我们培养了许多技术骨干，且公司技术人员每年定期到各院校学习深造，这些技术骨干在赞皇县林果产业的发展过程中发挥了很大的带头作用。

在果树的种植和管理上，我们严格按照无公害、绿色和有机农产品的标准去执行。

除此之外，还建立了标准化质量管控体系和质量追溯系统。在发展过程中，公司更是紧抓市场脉搏、深耕农产品市场，实行了"引进来、走出去"的双向市场模式，利用农业休闲体验把客户引进来，运用网络媒体宣传、完善的销售服务团队让产品走出去。2020年，公司通过果木苗木、各类水果等多种农产品销售，营业额突破3000万元。

恒实创业团队荣获"赞皇好人"荣誉称号

旗开得胜迎胜利，助农脱贫显功劳

问：对于助力赞皇县脱贫攻坚事业，您觉得以自己为代表的创业青年们有哪些着力点？

石彦方：扶贫需先扶智，这个"智"指很多方面：是对年轻人的教育，是对农户的技术指导，也是对创业人才的专门培训。

像我一样在赞皇县创业的青年有很多，我们很多人在开始的时候都有相同的问题，比如缺技能、缺资金、缺平台、缺渠道等。这对于一个刚刚创业起步的青年才俊来说是很大的困难，但是在各方力量的大力帮扶下，这些困难也是可以解决的。

我们不仅仅是简单的创业，也积极参与社会公益事业，如慰问贫困大学生、多次无偿组织中小学生来园区参观学习农业知识、体验农业生产活动等。

截至目前，我们园区累计录用务工人员达 480 人次，与 578 户农民签订土地流转合同。同时，以农民专业合作社方式带动周边 246 户农民发展农业产业化种植。

2018 年，为 152 户建档立卡贫困户分红 17.54 万元；2019 年，为 181 户贫困户分红 32 万元；2020 年，为 578 户贫困户分红 64.44 万元。

身为一名青年创业者，在这片广袤的土地上，我充满信心。我希望更多的年轻人投身农业，扎根基层，建设新农村。我希望通过自身的经历，吸引广大的有志青年回到家乡创业，为家乡建设贡献自己的力量！

访谈手记：把知识写在广袤的乡土之中，把幸福播撒到大地之上，石彦方是有名的"新式农民"，更是当地人脱贫攻坚的"领路人"。7 位从农村走出去的大学生，毅然放弃大城市优越的生活，带领家乡父老走农业产业化、市场化的发展道路，让荒山旱地结出金元宝，让老百姓真正过上好日子。

宋学琴：扁桃花开，青春绽放

人物简介：宋学琴，1982 年 9 月出生于河北邯郸，2005 年嫁入山西省临汾市汾西县和平镇核桃丈村，2009 年和丈夫共同发展扁桃事业，成为全县最早的一批扁桃种植示范户。在她的示范带动下，汾西县已发展成全国除新疆以外最大的扁桃生产基地。她先后获得"全国向上向善好青年"、全国"最美家庭"、第十八届"山西青年五四奖章"、"山西省脱贫攻坚奋进奖"、2019 年度山西十大"三农"新闻人物等荣誉称号。以她的事迹为原型，由山西省委组织部、临汾市委组织部、汾西县委组织部联合拍摄的党员电教片《山桃花》荣获 2017 年中央组织部电教片一等奖，电影《山桃花》也于 2021 年 7 月 23 日举行了首映礼，得到广泛关注。

创业心语：作为一名新时代的大学生、共产党员，我要肩负起时代重任，影响、组织、带动广大群众创新创业，探索出让农民增收、脱贫致富的路子。未来，我将继续做大、做强扁桃产业，带动一个村、辐射一个乡、启动一个县、影响一个区，让漫山遍野的山桃花发展成为惠民的经济花，为脱贫攻坚、乡村振兴贡献青春力量。

引语

牛栏江畔，水清鱼肥，高素质农民为传统种植带来新气象；秦巴山区，藤编密匝，非遗传承人用坚守赓续乡村记忆；直播间内，网友如潮，农民主播熟练地推销着家乡特产……

但在群山环抱的汾西县和平镇核桃丈村，只能看见零散的五六户人家，地无三尺平，八沟连九梁。村里嫁来的外地媳妇，很少有人吃得了山里的苦，有的甚至连过年那几天也待不住。

然而就是这名不见经传的小山沟，偏偏有人选择嫁到这里，既没有彩礼，也没有娘家人的祝福。她，就是宋学琴。

苦吗？——苦，崎岖不平的山路、一贫如洗的家、年迈的公婆……累吗？——累，开过小饭店、办过小石膏厂、在村子里放过羊、在山上养过鸡……随着乡村振兴战略的全面推进，宋学琴投入农业生产一线，置身于扁桃嫁接事业，在广阔的乡村舞台上施展拳脚。

又是一年春天，走进汾西县和平镇核桃丈村，山上的桃花开了。不同的是，一直开粉红花的山桃这次开出了白色的扁桃花。望着漫山绽放的扁桃花，宋学琴欣慰地笑了。

这个 80 后邯郸姑娘，当初执拗地嫁进了大山，倔强地让扁桃"嫁"给了山桃。正是这一"嫁"，祖祖辈辈生活的穷山沟焕发了新容颜。在多年的守望与一次次的艰辛付出后，这一切终于照进现实，宋学琴的"扁桃梦"得以成真。

扎根

问：高跟鞋、职业装，在城市明亮的办公室里查法条、阅案卷；平底鞋、旧衣衫，在陡峭的山坡上荡来荡去、一棵一棵嫁接扁桃。这是您经历的两种截然不同的生活场景，是什么契机让您与大山结缘的呢，能和我们分享一下您嫁入大山以后的生活吗？

宋学琴：我是一个出生于河北邯郸的 80 后女孩，所有的故事，始于十几年前的那次相遇。2005 年，大学毕业的我在邯郸一家律师事务所上班，一次偶然的机会，我与在邯郸打工的侯俊豹相遇，慢慢接触以后，感觉他踏实、心善，两个人擦出了爱情的火花，经过深思熟虑，我决定远嫁山西省汾西县。

汾西县是国家级重点扶贫开发县，以前远嫁到汾西的同龄姑娘都嫌弃这里贫穷落后，纷纷举家落户到邯郸市。人们都说"人往高处走，水往低处流"，可倔强的我却"逆水行舟"，铁了心离开繁华的城市，远嫁山西农村。

我的父母坚决不同意："我们都这么大岁数了，你就应该嫁在当地，最好招个上门女婿。不说给我们颐养天年，起码可以陪伴我们。"但是我仍然觉得自己的路应该自己走。

没有彩礼，也没有娘家人的祝福，我独自一人登上长途大巴，怀着对未来的憧憬，嫁到了千里之外吕梁山深处的汾西县核桃丈村。

核桃丈村一眼望去除了山就是塬，村里人赶集要到30多里外的镇上。第一次赶集，我蹬上高跟鞋就出了门，但是崎岖不平的山路给了我一个下马威。

面对这个贫困的小山沟，我不知从何处下手，但内心深处那颗不服输、敢创业的心又在催促着我。经过实地考察，我把目光聚焦到了石膏上。开个石膏作坊，投资小、离家近、市场需求大。

在我的筹措下，石膏厂建成，可开业不久就因为固定客源稀少、石膏粉大量积压等问题，生意陷入窘境。于是，我尝试利用互联网，历经半年时间打开了销路，客户陆续找上门。

靠石膏能挣钱的消息在小山村里炸开了锅，村里一下子冒出了好几家生产作坊。在激烈的竞争压力下，石膏原料不断涨价，生产成本日益增加。特别是随着环保政策的完善落实，这类高消耗低产出的生产模式也渐渐退出了市场，石膏厂不得不下马停业。

但是，创业的艰辛之路，并没有吓退我前进的脚步。我又在村里率先搞起养羊基地，收空地、购栅栏、搞土建、买羊……就在这个节骨眼上，羊价断崖下跌，高价买回的几十只羊成了赔本货，大费周章新建的羊场，还没有开始，就意味着结束。

这一次失败，让我筋疲力尽、负债累累，我不得不再次外出打工积累资金。家人原本以为我会"迷途知返"，殊不知我只是放慢了创业脚步，依旧在寻找良机。

因为我知道：创业路上不可能一帆风顺，屡次创业，频频碰壁，但是只要有不服输的劲头，我们的生命力就会在这样的"煎熬"中变得更加强大。

嫁接

问：创业讲究因地制宜、结合实际，您是怎么挖掘扁桃仁产业，将创业梦与山桃交织在一起的？

宋学琴：一段时间后，我再次返回汾西老家，一同归来的还有刚刚诞生不久的女儿，一家三口过起了入乡随俗的农家生活。平日里，我最重要的任务就是照看女儿。

群山包围的核桃丈村地无三尺平，八沟连九梁，一眼望去除了山就是塬。我背着女儿在大山里终日转悠，冬去春来，漫山的山桃花开了，别人在吮吸芬芳，我却从中嗅到了财富的味道。

2009 年，我当时在网上搜索项目时，陌生的扁桃仁闯入了我的视线：野山桃可嫁接扁桃，扁桃就是美国大杏仁，国内产地为新疆，名曰"巴旦木"。它营养价值高，含有多种矿物元素，并且还具有药用及医疗保健等多方面价值。目前国内 95% 的扁桃仁依靠进口，在国际市场上扁桃仁也是紧俏、奇缺产品。

看到这些，我眼睛马上亮了起来，因为我们这里房前屋后全是野山桃树，可以尝试把扁桃嫁接到山桃上。但是村里的大爷大妈听了这个"奇思妙想"却纷纷摇头："山桃还能嫁接卖钱？活这么大岁数了没听说！""4年后才能挂果，养猪都比这来钱快！"

虽然大爷大妈们有疑虑，但是我始终觉得，有市场、有资源，搞嫁接肯定没问题。只要有颗创业心，哪里都能挖出金子。于是，我在村里承包了200多亩山地，成了全县最早的一批扁桃种植示范户。

长年的风吹日晒，我的脸上有了"高原红"，手也变得粗糙、厚实。但是，一心扑在扁桃上的我早已对一个个小小的扁桃着了迷。窑洞抽屉里放着的4本"扁桃日记"，记录着我种植的点点滴滴：开花时间、嫁接日期、喷药时间……

一页页手写的笔记，也得到了果树专家的肯定和赞扬，"黄土高原没种过扁桃，这可全是难得的资料"。

创业路上的每一步，我都坚持一挖到底，搞懂摸透、行稳致远。2012年，我光荣加入中国共产党，从那以后，我创业的劲头更足了。

绽放

问：创业路上充满艰辛，除了劳累，还有对失败的恐惧。搞扁桃嫁接，相信也不轻松。前面您提到在搞扁桃嫁接过程中一直有写日记的习惯，您能和我们分享一下创业途中所遇到的困难吗，如今您的扁桃产业发展得如何？

宋学琴：当时，我的创业想法得到了村"两委"的大力支持，我一口气承包了280多亩荒山荒坡，开始了漫漫创业路。

要把漫山的野山桃嫁接成扁桃，第一步就是收拾荒山。山上长满了灌木和带刺的落亚红，这些农民不能耕种的地，不是陡坡多，就是灌木杂草多，不宜开垦。不要说去除它，人都很难站到它跟前，扎刺不说，脚都站不稳。

村民们对我的创业持怀疑态度，因为去灌木、除落亚红是当地男劳力都不愿意干的活儿，何况我还是个女娃。丈夫怕我发生意外，劝我留在家里看孩子，可我就是不信这个邪，非干不行。

　　一天下来，累得脚都不会走路，身上扎满了刺，火辣辣的疼。因干活往返不方便，我索性在山上打了土窑洞，在没电、没路、没水、没信号的情况下，在山上扎了根，一住就是8年。

宋学琴开始创业第一步——收拾荒山荒坡

　　遇到难开垦的地方，就让丈夫用绳子拴住我的腰，吊在半坡试着干，时间长了，我逐渐适应了高空作业。但这个过程中不免发生一些意外，有的现在想想还有些后怕。

　　有一次，我在距离丈夫十多米外的地方劳作，手抓住了一根灌木，感觉软软的，凑近一看，是灌木上趴着的一条蛇，刹那间我连吓带怕，头脑一晕滚到了半山坡。从那以后，我一连半个月都不敢再提上山的事。

随着整理灌木收拾荒坡工作取得进展，第一批扁桃嫁接迫在眉睫。由于不会嫁接，我们找到当地的土专家，教我们如何嫁接扁桃，反复学习、反复操作，回家后翻书本、打开网络继续钻研。

功夫不负有心人，我们最终掌握了嫁接技术，基地内的 4000 余株野山桃也成功嫁接上了扁桃枝。可正当我享受成功的喜悦时，一场大风把我们的成果吹得烟消云散——大部分扁桃枝都折断了。

前期的辛苦白费了，这下村里的人说啥的都有，本想跟着我一起干的农户也打起了退堂鼓。进退关头，屡战屡败的我心里倒想得开："创业路上怎么可能一帆风顺？咱别的没有，就是不服输！"

我跑到省农科院果树研究所现场咨询原因，找到症结所在后又进行了第二次嫁接。经过 5 年的漫长培育，2014 年秋天，最初嫁接的一批扁桃树结果了，卖了 6 万多块钱。这件事在村里引起了巨大轰动，农民纷至沓来、参观学习。

渐渐地，我充当起了技术指导员，只要听说附近村民要学习嫁接扁桃，就和丈夫一起去现场指导，一不收钱、二不吃饭，为的就是大家一起扎堆干。进村入户、登门帮扶，育苗、嫁接、支护、剪枝、药物配置……倾囊相授。

"没有宋学琴艰苦探索、带头开发，汾西要规模发展扁桃事业还得摸索好多年。"汾西县科技发展中心主任曹玉贵如是说。

为了带动更多人发展扁桃，我利用"合作社 + 农户"的发展模式，先后吸纳 64 人到合作社，通过帮助合作社成员培育自己的扁桃基地，使 26 户贫困户每户年收益 12000 元。通过为有技术的成员对接到有需求的扁桃园务工，带动 32 户贫困户每户增收 2800 元。

扁桃果成熟后，我利用电商服务平台等多种渠道，积极对接收购商，为老百姓免费销售扁桃产品 120 吨，让种植户足不出户就把自己的产品卖出好价钱。

宋学琴（左一）传授村民嫁接技术

经过 11 年的艰苦奋斗，我目前拥有 280 亩野生山桃嫁接的扁桃树、460 亩平地栽植的扁桃树。2017、2018、2019 年三年共带动贫困户 96 户共 150 人脱贫致富。同时带领合作社成员发展野生山桃嫁接的扁桃树 3200 亩，产生效益 520 万元，带动全县发展扁桃 1.8 万亩，带动汾西县外发展扁桃 4000 多亩……

下一步，我打算继续拓展销售渠道，主抓市场，让扁桃走进一线城市，迈进高端市场，做产业链，增加扁桃的附加值。打出汾西的品牌，点亮汾西的亮点，把扁桃树变成老百姓的摇钱树。

一个人富不算富，把自己的汗水融入集体，大家一起奔小康，才是创业的全部。我的梦想就是将汾西县的野山桃全部嫁接成扁桃，让漫山遍野的山桃花迸发出致富惠民的经济花。现如今，经过 10 余年的艰苦奋斗，我的心愿也在慢慢实现。

访谈手记：宋学琴为爱奔赴，从嫁入大山，到嫁接扁桃，经过10余年的艰苦创业，她把荒山荒坡变成了致富宝地，她是当代新型职业女农民奋力脱贫攻坚、决胜全面小康的生动写照。当地政府以宋学琴为原型，创作了一部扶贫励志电影《山桃花》，鼓励年轻人学习她为爱和事业双向奔赴的坚守和努力。她的事迹，也将影响和带动更多的家庭投身脱贫攻坚的主战场，共同打赢脱贫攻坚这场硬仗。

王运东：一名村支书的脱贫攻坚之路

人物简介：王运东，黑龙江省佳木斯市桦南县的返乡创业大学生，现任桦南县运东蔬菜种植专业合作社理事长，同时也是蔬菜合作社所在土龙山镇胜利村的党支部书记。在任职三年多的时间里，他持续为推动本地脱贫攻坚、乡村振兴事业贡献力量，先后荣获市人大代表、农民创业优秀个人、优秀共产党员、优秀扶贫村干部等诸多荣誉。

创业心语：我没有令人瞩目的科研成果，但我有带动全村老百姓脱贫致富的情怀。

引语

每当胜利村村民看到"别人家的村子"村容村貌日新月异，心里就渐增羡慕之情，期盼着能有一位村领导领着大家喝干净的水、走宽敞的路。

过去多年来，胜利村没有自来水井，饮水难题悬而未决；没有水泥田路，出行不便困扰村民。更重要的是——穷，得不到正确的指导，没日没夜地在田间辛苦劳作却仅仅只能换取一些微薄的收入。

当王运东的双脚踏上土龙山镇胜利村的土地，心中便已经豁然开朗——这是他的事业。从那一刻开始，他便和这个贫穷落后的小山村展开了一场漫长的"双向奔赴"，脱贫致富之路犹如一座金桥般坚定地架在了村民的脚下。

短短三年时间，他修建水泥田路、文化活动广场、桥涵，自掏腰包为百姓买晾晒场土地，协调解决了胜利村没有自来水的历史性难题。基础设施逐渐改善后，他又把目光放在了百姓增收致富上。王运东用自己的实际行动诠释了新时代青年村支书的精神之光。

直面障碍，革新产业运营模式

问："中国要美，农村必须美"。胜利村是非建档立卡贫困村，过去一段时间内基础设施建设不太完善，您能说说是怎样啃下这块"硬骨头"的吗？

王运东：就像您说的，胜利村是非建档立卡村，村民们看到建档立卡村村容村貌变化那么大，多年来，很多人都在埋怨村领导没能力。我上任后看到这幅景象，决定首先从改善村子的人居环境干起。

经过和多方的协调争取，2018年胜利村修建水泥路2.3公里，修建文化活动广场2000平方米，并安排贫困户6人管护道路和环境卫生，每月400元补助，每家"门前三包"，长期不在村里住的村民门前，由邻里负责。经过一年的整治，胜利村的生活环境有了明显改善，群众的满意度得到了稳步提高。

胜利村无自来水井，村民常年饮用自家小井水，饮水安全得不到保障，并且每年4月中旬开始，水田开始泡地，水田里的水井开始抽水，致使地下水位下降，村民的小井抽不上水，有长达4个月的时间需要到1公里外的蔬菜合作社挑水，年老体弱的村民尤为困难。

我上任之后多次跑镇里和水利局协调沟通，为村里申请了安装自来水井项目和净化水设施一套，解决了村里多年没有自来水的问题。

王运东（左）积极与村民沟通，帮助解决问题

胜利村种植玉米 9000 余亩，平时，秋收后的玉米都放在村民自家的土场地里，玉米受潮，卖不上好价钱。我争取到了县国土局土地整理项目，但村里没有资金购买晾晒场地，我就自掏腰包为村里买了晾晒场土地，并在国土局办理了证件手续。2018 年 8 月，6600 平方米的晾晒场建成，解决了村民粮食晾晒问题，为粮食增收提供了有效保障。

镇党委书记说，在脱贫攻坚、乡村振兴工作中，要大胆起用大学生村官，因为现代农业需要知识型村官，现在的互联网＋、电商平台都需要知识。所以镇党委在村政建设、产业项目上给予了我们许多政策上的支持，这是胜利村基础设施建设取得成效的基础。

谋划扶贫思路，点亮致富之路

问：我们了解到，您一直在为胜利村的脱贫攻坚战出谋划策。您能向我们介绍一下，在胜利村脱贫攻坚的道路上，您是怎样创新谋划的吗？

王运东：为确保全村78户、172名贫困人口在2020年全部顺利脱贫，我一直主张要根据各户实际情况，查贫因、挖穷根，因户精准施策，在帮扶规划上充分尊重贫困户意愿，不搞千篇一律。

同时，要为每一户贫困户建立起扶贫台账，记录帮扶措施和落实情况，让群众认可、做到心中有数，让群众看到扶贫不是走过场，增强他们脱贫致富的信心和决心。

在村"两委"的带领下，胜利村共发展庭院经济种植蔬菜170余亩，养殖小家禽5000只，牛20头。联系县推广中心进行实用技术培训3次共200余人。

长期以来，村民一直靠种玉米、水稻等农作物作为家庭经济的主要收入，每当我跟随村"两委"成员下村入户，看到群众没日没夜地在田间辛苦劳作却仅仅只能换取一些微薄的收入时，总是感慨万分。于是，我立志为村民找一条好路子，突破这种小农经济的局限，帮助群众改变生活状况。

经过多方了解、多次走访、实地调查，我发现蔬菜大棚效益可观，持续性强。我暗下决心并始终相信：种植蔬菜，一定会成为全村产业促进经济发展的突破口！带着无比坚定的信念，在与村"两委"积极商量并得到大力支持后，我多次去乡政府了解是否有相关扶持政策可以帮助到蔬菜产业的发展。

当得知国家大力支持发展集体经济、主张提升村级组织自我

"造血"功能、积极鼓励和推动"党支部＋合作社"发展机制、倡导全面提高合作社专业组织化程度时，我悬着的心终于落地了。

通过各方的不断申请、争取，我成立了"桦南县运东蔬菜种植专业合作社"。合作社以蔬菜种植、销售为主，总投资 800 万元，按照"合作社＋基地＋农户＋科技"的产业化经营模式，秉承"成员利益、农户效益第一"的经营理念，吸纳社员 60 人，建设温室大棚 20 栋，蔬菜大棚 60 栋，并初步争取到中央财政资金 50 万元，进一步壮大了胜利村村级集体经济。

为了让群众接受集体发展的理念，动员群众积极参与到合作社中来，我一家一家入户，一家一家宣传，让群众转变"守地""守土"的传统思想，切实为群众谋福利。截至目前，胜利村有 32 户建档立卡贫困户加入蔬菜专业合作社，成为合作社社员，有效帮助贫困户增收致富。

合作社在用工方面，优先选用村里的建档立卡贫困户，户均增收 3000 余元。同时，蔬菜合作社还与有种植意愿的农户签订种植订单，农户利用自家闲置田园种植蔬菜。蔬菜合作社对农户实行"三统一"政策，统一提供种子、技术指导，统一回收。每亩田园增收 1500 余元，为脱贫攻坚工作建立了产业优势，百姓增收致富有了新的保障。

扶贫扶志并行，坚持思想引导

问：扶贫先扶志，就是扶思想、扶观念、扶信心，我们了解到，作为胜利村党支部书记，您也在积极实行"扶贫先扶志"的策略。能介绍一下，您是如何在胜利村"扶志"的吗？

王运东：作为胜利村党支部书记，我始终认真落实"三会一课"制度，切实组织开展"两学一做"学习教育活动，依托党建阵地，强化宣传引导，大力开展"不等不靠、艰苦奋斗""扶贫先扶志、治穷先治愚"等思想培训会 8 次，耐心教育广大党员群众如何正确认识精准扶贫，消除群众对扶贫工作的误解，告诫大家扶贫不养懒汉。

王运东（左三）与村委班子召开研讨会

　　经过仔细分析研讨，我们胜利村制定了差异化分配方案，鼓励贫困户通过自己的劳动增收致富，多劳多得，并评选出脱贫示范户，充分发挥贫困户的积极性和能动性，营造了"户户争脱贫，全村要摘帽"的良好氛围。

　　今年 65 岁的贫困户蒙艳祥说过的话，令我印象尤为深刻，他说："2016 年评上建档立卡贫困户之后，我的生活发生了巨大的变化。共产党给我盖了新房，还让我免交合作医疗大病保险，各项政策我都满意，我也不能拖国家的后腿，靠自己的劳动致富，在村委会的带动下，我发展家庭经济，种植了 1.5 亩地豆角，同时养殖小鸡 30 只，平时还在蔬菜合作社务工，一年能增收 7000 多元呢！2018 年我就光荣脱贫了。"

　　"村官不是官，干好不简单"。在自己选择的这条路上，我也曾受过质疑，遭遇艰难，但每当收获群众满意的笑容之时，正是我不敢飘浮、不敢庸散之时。

访谈手记：王运东大学毕业后，响应国家号召，怀揣"带领村民致富"的愿望回到家乡，协助村委会开展工作，帮助村民办实事。他当选胜利村党支部书记后，秉承初心，继续前行，带领村"两委"班子成员在村里助推脱贫攻坚。作为一名大学生村官，他俨然已经成为一颗紧紧镶在人民群众当中的"螺丝钉"，钉住了致富之桥的每一块木板，也钉住了村民心中期盼已久的山河大梦。

尹敏：最美退役军人如何变粪为宝

人物简介：尹敏，1991 年 9 月出生于安徽省安庆市宿松县，2008年入伍从军，2009 年曾在国庆阅兵上因表现优秀荣获嘉奖令。2010 年退役复员后，他并没有安心在县直部门上班，而是选择辞掉"金饭碗"，返乡创业。他是安徽沃园生物有限公司总经理，更是带动宿松县村民走上脱贫致富道路的引路人，2018 年被评为"安徽省百佳新型职业农民"，并当选宿松县第十届政协委员，2020 年获评"安庆市最美退役军人"。

创业心语：当兵不能当孬兵，离开部队也不能给这身军装抹黑。2020 年是脱贫攻坚决战决胜之年，我作为一名新时代的新型职业农民，立志通过提供就业、引导创业、技术培训等方式，带动贫困群众脱贫致富，为打赢脱贫攻坚战贡献自己的青春力量。

引语

环境就是民生，青山就是美丽。生态环境是关系民生的重大问题，也是生态文明建设和美丽乡村建设的重要方面。但随着经济的发展，特别是农业农村经济的不断发展，畜禽养殖规模不断扩大，畜禽养殖粪污增多，环境污染也随之而来。

如何在扩大畜禽养殖规模的同时减少环境污染？如何推进畜禽粪污资源化利用？如何在经济发展的同时保护好绿水青山？……

2017 年 6 月 12 日，国务院办公厅印发《关于加快推进畜禽养殖废弃物资源化利用的意见》；2020 年 7 月 2 日，农业农村部通报畜禽粪污资源化利用项目开工情况，对畜禽粪污资源化利用工作进行再动员再部署。

在时代的浪潮下，退役军人尹敏紧扣政策、把握市场机遇，在大别山连片地区推行畜禽粪污"肥料化"利用，最终实现"变粪为宝"，真正践行了习近平总书记提出的"绿水青山就是金山银山"的发展理念。

鲁迅曾说，有一分热，发一分光，就令萤火一般，也可以在黑暗里发一点光。

尹敏作为一个新时代青年，更作为一名光荣的退役军人，在创业过程中，在宿松县脱贫攻坚的战场上，发挥着不计得失的赤子心肠、舍我其谁的责任担当，为宿松脱贫摘帽贡献了自己的青春力量。

辞职创业，创建家庭农场

问：就业、创业是青年群体绕不开的话题，有人想进入"体制内"，有人进去了却想出来，墙内墙外的苦与乐往往让青年人迷了眼；不少青年人想要选择创业，却不能承担由此带来的风险。您当初为什么毅然决定辞掉"金饭碗"，选择回乡创业自己造"饭碗"呢？

尹敏：肩上挑着箩担，伴随着嘴里的叫喊声，走街串巷收鸭蛋然后卖到外地……这就是我祖辈们的营生。我们宿松水面特别大，家家户户都有养鸭的传统，鸭蛋品质好，因此往往供不应求。循着他们的足迹，我选择回到家乡，决心用青年人的力量助力脱贫致富，并以此开启了我的创业旅程。

当时，我毅然决然地决定放弃"金饭碗"，选择返乡创业，同事、亲戚和父母都劝说我、质疑我、埋怨我……"养鸭又脏又累，我们是没有更好的选择，只能以此谋生。而你在政府单位上班，风吹不着、雨淋不着，稳定的班不上非要回家养鸭，你是怎么想的？我坚决不同意，你给我老老实实地回去上班。"父亲道。

面对父亲义正词严的反对和周围人的质疑，我仍然坚持"当兵不能当孬兵，离开部队也不能给这身军装抹黑"的原则。我回家乡搞一份事业只是想让乡亲们不再贫穷，想靠自己的能力改变家乡的面貌。

我坚持与父母沟通，日征月迈，他们看到我回乡创业并不是一时兴起。在他们的帮助下，我成立了家庭农场，在佐坝乡流转了900亩水面、滩涂，搭起3000多平方米的鸭棚，第一批进了2万只鸭苗。

为了养好鸭子，也为了不辜负父母的期待，我日夜窝在鸭棚里，天天跟鸭子同食同寝，买了一堆养殖的书学习养殖技术、畜牧经营管理，走访其他经验丰富的养殖大户，参加新型农民培训……最终掌握了关键的养殖技术、家禽疾病的防控技术、规模化标准化家禽健康养殖技术等。

创业初期的道路坎坷曲折，但也正是因为经历了这一段，我才慢慢成长起来。在干事业的过程中，遇到困难我从来没有退缩过，也没有诉说过苦、累。在我累的时候，部队班长曾经的鼓励回荡在我耳边："男子汉流血流汗不流泪，你们的坚守是责任、是和平、更是使命。"

几年的学习探索，我陆陆续续地投入了近 200 万元，虽然"学费"没少交，但一分耕耘、一分收获，我取得了第一次成功：家庭农场养殖规模不断壮大，2018 年，家庭农场养殖规模已经达到 10 万只。

两年的军旅生活锤炼出了我不屈不挠、敢于创新的作风，凭借自己在部队炼成的勇于拼搏的韧劲，我尝试延长产业链，提升产品的附加值，将产品加工成咸鸭蛋、松花皮蛋卖到全国各大城市的沃尔玛、大润发和华润等大型商超，年收入达到 1000 万元。

有了我的探索和尝试，宿松县很多贫困户跟在我后面，也办起养殖场，从事养鸡养鸭行业。我给他们提供禽苗、饲料、药品，等卖了蛋再结账，此举推进了宿松县整体的产业扶贫进展。村民们逐渐摆脱了"等、靠、要"的消极思想，开始用自己勤劳的双手创造美好生活。

直面困境，推动变粪为宝

问：畜禽粪污治理和资源化是农村生态环境保护工作的重点和难点。我们了解到您二次创业实现了"变粪为宝"，能向我们介绍一下这个过程吗？

尹敏：第一次创业虽然小有成就，但随之而来就碰上了"硬骨头"。宿松县的老百姓养殖大都采取粗放式管理方式，导致大量家禽粪便随处堆放，臭气熏天。

由于大量畜禽粪堆积得不到及时处理，不仅污染了农村地表水、地下水、土壤和空气，粪尿肆意排放横流为病原菌提供温床，还为周边人畜带来了严重的安全隐患，粪污的处理问题成了我和广大养殖户的一大心病。

我和乡亲们奔向致富的道路，但是牺牲了家乡环境，毁掉了青山绿水，那富起来的成本太高了、代价也太大了。如何在脱贫致富的同时将绿水青山留给家乡？我不停地寻找处理粪污的办法。

为了啃下这块"硬骨头"，我尝试了很多办法。一筹莫展之际，我看到了国务院办公厅正式出台《关于加快推进畜禽养殖废弃物资源化利用的意见》，提出坚持源头减量、过程控制、末端利用的治理路径，要求健全制度体系、强化责任落实、完善扶持政策、加强科技支撑、强化装备保障，全面推进畜禽养殖废弃物资源化利用，加快构建种养结合、农牧循环的可持续发展新格局。

这个政策让我和其他养殖户看到了希望，我牢牢把握这个契机，乘着政策的东风，在2018年开始了二次创业之路。

我向银行贷款并创立了安徽沃园生物科技有限公司，收集周边100公里内的粪污，专门做有机肥。随之，在大别山连片地区推行畜禽粪污"肥料化"利用，最终实现了变废为宝。

其实，回想起二次创业之路，也不是一帆风顺的。建厂之初，碰到了很多难题，比如选址难、筹钱难、技术难……

我一个城镇挨着一个城镇跑，一天挨着一天找，但仍然没有找到合适的场地，最后在县政府的帮助下，找到了一块十来亩的土地，解决了用地难题。此外，养殖户们对有机肥生产技术知之甚少，对肥的科学配比更是不甚了解，省农科院、省土肥站的专家教授从粪污收集到发酵再到包装销售，手把手教我们，帮助解决了生产技术难题。

在政府的帮助以及公司工作人员的坚持下，我们把从养殖户那里收集的畜禽粪污放进厂区进行技术发酵，再通过设备加工成有机肥，最终拿到了肥料登记证，通过绿资认证，产量和销量直线上升。

从 2018 年开始，我们肥厂集中处理畜禽粪污 80 多万吨、秸秆 2 万多吨，现在每年可以处理 50 多万吨粪污，为 500 多户养殖户解决了畜禽粪污难处理的难题。

现在，周边方圆 100 公里以内没有粪污处理能力的养殖场（户）都将畜禽粪污送到这里集中处理。我们经过发酵、配比、包装后进行外销，加工而成的有机肥主要销往江西、安徽、湖北，受到了广大果蔬、油茶、茶叶种植户的欢迎。

这一举措实现了"家禽养殖—养殖粪便处理—有机肥还田"的良性循环养殖模式，有效解决了畜禽粪便污染问题，改善了农业生态环境，促进了农村经济的可持续发展。

工厂出产的有机肥受到广大种植户的欢迎

帮扶脱贫，彰显军人担当

问：2018 年宿松县申请退出国家贫困县并通过，这离不开每一位宿松人的努力。作为一名青年创业者，您在创业过程中是如何助力脱贫攻坚、带领贫困户实现脱贫致富的？

尹敏：在创业的征途中，我始终牢记军人的使命和担当。"穿上军装，我要能打胜仗、作风优良；脱下军装，我要致力于带领贫困户脱贫致富，带动乡村走向振兴"。

在使命感的强烈引领下，我成立了专业合作社，采取"合作社＋公司＋农户"的模式，引导10余户农民开办家庭农场，手把手教会他们掌握关键养殖技术、家禽疾病防控技术、规模化标准化家禽健康养殖技术，收购合作社农户的家禽粪便，既增加了他们的收入，也解决了他们的后顾之忧。

同时，依托专业合作社，我们尝试带动周边贫困户搞起特色养殖，无偿为佐坝乡洪岭村70户贫困户发放鸡苗，搞特色养殖脱贫致富，发动30户贫困户入股合作社，连续3年分红达2万元。

尹敏（左）向贫困户免费赠送有机肥

安徽沃园生物科技有限公司优先考虑贫困户用工，目前带动 3 名贫困户就业。另外，企业结对帮扶 2 个贫困村、22 户贫困户。

公司每年还拿出 100 吨有机肥免费赠送给周边乡镇困难群众发展特色种植，以减少农业生产成本，带动贫困农户增产增收。

2013 年以来，我们直接带动和扶持农户 344 户，其中包括贫困户 63 户，户均收入达到 26000 元。很多贫困户在我们的带动下陆续脱贫摘帽，几个贫困村也早早实现脱贫出列。

当前和未来一段时间是我国脱贫攻坚和乡村振兴战略统筹交汇的关键时期，"接续推进全面脱贫与乡村振兴有效衔接"，既是基于我国经济社会发展形势的重大判断，也是对如何实现"两个一百年"奋斗目标的战略指引。

目前，我们正计划扩建生产车间，添加生产线，争取年处理畜禽粪污达到 300 万吨、秸秆 80 万吨，产能达到 100 万吨。同时，我们也正努力在全县推进畜禽粪污资源化利用，更好地助力乡村振兴。

访谈手记：尹敏退役后到农村自主创业，从事蛋禽养殖，凭借不服输、勇于拼搏的韧劲，把农产品卖进大型商超，在电商平台将宿松特产推向全国。他参与脱贫攻坚，领办国家级合作社，帮助农民开办家庭农场，在决战脱贫攻坚、决胜全面建成小康的大舞台上奋力书写了退役军人的精彩。保家卫国是他梦想的第一次起航，践行着富国强军的使命担当，如今他又成为当地乡村振兴的领头雁。

童雨佳：退役军人与斗米虫的不解之缘

人物简介：童雨佳，1992 年 3 月生于江西上饶横峰县青板乡洋坞村，2012 年光荣退役。退役后踏实苦干、积极创业，现任斗米虫农场场长，深耕斗米虫养殖、加工和销售，致力于服务脱贫攻坚与乡村振兴。先后荣获 2019 年横峰县第三届"十佳青年"、2019 年第六届"创青春"暨"创在江西"青年创新创业大赛农业农村组金奖，获评 2019 年度"江西省农村青年致富带头人"。

创业心语：我是一个退役老兵，虽然自己文化程度不高，但是我许下宏愿：要把斗米虫千年传承的内涵挖掘出来，带领横峰的百姓找到一条脱贫致富之路！

引语

"江西特产斗米虫，千年陪伴海昏侯"。斗米虫全身乳黄色，因其稀有，古时先人要用一斗米换一条虫而得名，在民间应用已有数千年历史。

此虫生在山区一种长倒刺的灌木中，它只认准这种树，从树根部钻一个小孔，进入树内，专吃树心。《中药大辞典》记录：斗米虫有利消化的功效，对麻疹透发不快、筋骨痛也有疗效。

江西上饶是斗米虫的发源地，是大自然对上饶人民的一种馈赠。走进上饶横峰县，"别人栽花我栽刺，别人成龙我成虫"的口号回荡在农场里。童雨佳是口号的发起者，也是该农场的创始人。

此时，一位老大爷砍下一根木头，从木头里挖出一只乳黄色的小虫，然后直接把小虫放到了嘴里。童雨佳解释："这个虫子是利用科技打进去的，这就是技术了。"

一身正气的"兵哥哥"脱下军装、卷起袖管，和父亲利用科技，发掘斗米虫的药用食用价值，让更多人受益，并成为全国独一家人工养殖斗米虫的农业达人。

他在斗米虫树种植、斗米虫繁育、斗米虫保健研发方面走在全国前沿；利用荒山荒地闲置资源增加农民收入，带领农民脱贫致富；

并立志让斗米虫的需求者能够吃得上，更能吃得起正宗的斗米虫。

自主创业，刻苦钻研

问：您在当初退役时，为什么会选择回乡创业，并且选择斗米虫养殖这个产业开始创业，可以讲一讲吗？

童雨佳：2012 年，我从部队光荣退役后，思考接下来该去向何方，究竟是到大城市闯荡还是回到家乡？作为一名退役军人，难以割舍的家国情怀一直萦绕在我的心头，挥之不去。

我曾是身着军装保家卫国的铁骨战士，如今虽褪去了军装，但不改军人本色，昔日扛枪的臂膀如今要扛起脱贫攻坚和乡村振兴的重任，在广袤的山野间立下赫赫战功。于是，我下定决心返回家乡、自主创业。

与其他人不同，作出了创业的决定，我立马就明确了创业方向——斗米虫产业。或许很多人对斗米虫并不了解，它并非一种普通的虫子，而是一种极具药用价值和养生价值的"宝贝"。

在《本草纲目》《神农本草经》《中华本草》《中药大辞典》《江西草药手册》中均有记载，斗米虫对痱疹、无名肿毒、肝硬化、血液病等均有显著疗效；对小孩厌食偏食、发育不良、免疫力差等症状有特效。

现代医学研究实验也充分表明，"斗米虫"含抗菌蛋白、几丁质和人体必需的 8 种氨基酸以及微量元素等物质，是抗病菌、抗病毒、抗肿瘤的珍贵生物医药资源。

斗米虫长相和蚕宝宝一样，全身乳黄色，因在两千多年前需要用"一斗米"换得一条虫而得名，由此可见其珍贵。而恰巧江西是斗米虫发源地，我在多方考察和学习之后，认定斗米虫绝对是一个商机，能够在未来发展成强势产业。

斗米虫外形

说到上饶的斗米虫，就不得不提我的祖辈们。我的爷爷辈就开始上山抓斗米虫卖钱，那时候一天能赚 1000 多块，我的父亲农闲时也上山抓斗米虫，既能补身体，还能补贴家用。只可惜我退役回来后，山上再无斗米虫可抓了。

天然斗米虫在现代化的发展过程中，越来越难以找寻，面对如此困境，我产生了"是否可以人工养殖"的疑问。秉持着"实践是检验真理的唯一标准"的理念，我在家里的农场中种满了小叶云实树，但无论用什么办法，都没法让树干中长虫子。

虽然面临着种种困境，但服兵役期间练就的钢铁意志和吃苦耐劳的精神，为我艰苦创业提供了精神支撑。在多次尝试无果后，我想到了请教农业专家这条路。

浙江农林大学的徐华潮教授是我的贵人，他利用农业科技，诱导锈色粒肩天牛在小叶云实树上产卵，帮助我解决了这个难题。

为了让科技助力斗米虫产业发展，我在中科院印象初院士的带领下，和浙江农林大学徐华潮教授一起合作研制出子弹营养钵，把斗米虫卵分解在子弹形状的营养钵内，通过气压枪打进树里，想在哪产虫就在哪产虫。这项技术填补了国内空白，也为斗米虫的量产提供了技术支撑。

但我并没有满足于此，从一开始种树养殖斗米虫的时候，就力求做到不施化肥、不打农药，严格控制斗米虫的品质。因为我希望自己养殖的斗米虫不仅可以成为当地的一项名优特产，更可以成为富有营养的养生佳品。

伴随着几年的摸索养殖，伴随着国家对"三农"问题的重视支持和乡村振兴的强劲东风，我的斗米虫产业发展有了质的飞跃。

扶弱帮困，服务大众

问：近些年来，返乡入乡创业青年已成为助推脱贫攻坚的"生力军"。您在创业过程中，都采取了哪些举措，助力村民脱贫致富？

童雨佳：斗米虫树一次种植可多年采收，每亩投资 3000 元，种植 500 棵，2 年后每一棵树上长 3 条虫，按一斗米最低价 30 元算，一棵树也就是 90 元，每年一亩收入在 4.5 万元左右。

我还注册了"云实宝宝""鸟不欺"等多个商标，名声因此越来越大，田震、顾江生等多位名人也争相购买，产品经常供不应求。我养殖斗米虫并研制出人工养殖斗米虫技术的事例先后得到央视《每日农经》、省台《稻花香里》等众多媒体节目报道。

斗米虫的养殖让我名声大噪，更重要的是让更多的贫困户、农民朋友有了就业创收的新途径。眼看自己的产业越来越兴旺，我创办了斗米虫农场，吸纳贫困户工作，助其脱贫。

在收虫期，每天向农户提供 200 多个临时岗位，为来自河南、福建、四川、湖南、浙江、安徽等地的 60 多位农民朋友免费提供技术和种苗，通过这种方式让更多人掌握脱贫致富的办法。

斗米虫树对环境要求不高，既可以在远离村庄的撂荒田地种植，也可以在废弃煤窑、砖窑、厂矿等上面改建种植。

因此，在横峰县 205 省道边，我打造了一个 1000 亩的斗米虫农场，既充分改造了废弃资源，也可以防止水土流失。通过斗米虫树基地旅游观光、劈木求虫表演、古法烤制斗米虫等活动，带动斗米虫产品的销售。

童雨佳创办的斗米虫农场

为了保障销售扩展到全国，我建立网站作为销售平台，开发斗米虫活体包装盒，在订单发货等方面做足了准备。

作为一个生在农村、长在农村的人，我深知农民兄弟的不易。在横峰县 320 国道边，我打造了一个 5000 亩的斗米虫农庄，在农庄门口立着一块广告牌，努力让骑着摩托车长途跋涉的返乡农民工感受到家的温暖。

广告牌上面写着："返乡农民工兄弟，辛苦了，路过山庄，免费喝水、免费品茶、免费喝粥、免费充电、免费如厕。"广告牌边上特意设了一个摊，摊上摆了瓶装矿泉水、热水瓶、茶叶、茶杯。离摊50米的地方，农庄特意盖了充电房等基础设施。

如今，这块广告牌已经成了当地一道亮丽的风景，在此休息的农民工兄弟都赞不绝口。

借助产业，传承文化

问：乡村振兴，产业先行。斗米虫有千年的历史，先前海昏侯墓葬发掘过程中也发现了斗米虫，我们了解到，您正在尝试通过挖掘斗米虫的文化内涵提高产品知名度和附加值，并进一步延伸拓展整个产业。可以介绍一下有关情况吗？

童雨佳：2006年，创业初期的斗米虫销售收入就达到了几百万元。目前，依托斗米虫发展起来的旅游观光、古法烤制斗米虫项目等，不仅获得了较大的经济利益，也得到了党委政府和社会的认可。

斗米虫疗效好，堪比冬虫夏草，不过一直没人知道，这是我的一大心结。为了让更多人认识斗米虫、了解斗米虫，我积极参加各种展会、比赛……在第六届"创青春"暨"创在江西"青年创新创业大赛农业农村组的竞赛中，我的斗米虫项目荣获金奖，斗米虫作为一个"稀有物品"也逐渐进入大家的视野。

经过数年的钻研，我已经掌握了从云实树的种植、生长到斗米虫的生存环境的第一手资料，也形成了整套梯次的生物链，为后期的产业开发模式和全国推广总结经验打下了良好基础。

需要指出的是，斗米虫不仅具有经济价值，同样还具有深厚的文化底蕴。在斗米虫产业蒸蒸日上的过程中，我认为不能只是再单纯把发展家乡产业经济作为主要任务，更要注重发掘其文化内涵、讲好品牌故事。

童雨佳（左二）参加第六届"创在江西"青年创新创业大赛

于是，以海昏侯墓出土实物为契机，我积极与海昏侯墓管理局达成战略合作，在海昏侯遗址公园种植一批斗米虫树作为样板基地，从而在汉代小镇打造斗米虫养生会所，让游客品尝斗米虫，体验西汉养生文化的传承和魅力。

"江西特产斗米虫，千年陪伴海昏侯"。我正是想借助这个历史机遇，发挥在部队养成的纪律严明、勤奋刻苦、敢为人先的优秀品格和党员的先锋模范作用，发挥人民干部全心全意为人民服务的宗旨，增强带头致富、扶弱帮贫的自觉性和积极性，把斗米虫打造成江西驰名的养生特产，将斗米虫形成的古老文化推向全国乃至世界，争取为民造福，为国争光！

访谈手记：童雨佳退役后始终秉持"自强不息、艰苦卓绝、敢于探索、为人民服务"的理念，自主创业，刻苦钻研。通过不断克服困难，研发相应技术，为全国各地农民免费提供技术支持。他以实际行动践行着入党誓词，带领当地群众共同走上了富裕道路，成了家家户户口中的人工养殖斗米虫的"农业达人"。

楚维向：一鸽一花一腔情

人物简介：楚维向，1985 年出生于河南省商丘市宁陵县。2009 年返乡创办了河南天明鸽业有限公司，2011 年投资种植金银花，2013 年成立宁陵县天明养殖专业合作社。他积极投身脱贫攻坚战，以肉鸽养殖为产业基础，常年深入田间地头为当地贫困户开展系列培训。中央电视台《田间示范秀》《乡村振兴面对面》栏目对他的事迹进行多次采访报道，个人先后被授予全国农村青年致富带头人、中国农村电商致富带头人、河南省优秀农村实用人才、商丘十大三农新闻人物、商丘五一劳动奖章、商丘优秀返乡创业者、宁陵县脱贫攻坚带头致富奖、宁陵县乡土人才等荣誉称号。

创业心语：年轻人就应该锐意进取，党员就应该为人民服务，我愿在农村这个大舞台上"舞"出一个新天地。

引语

如果有人能时常欣赏"粉翎栖画阁，雪影拂琼窗"这鸽中王者的翩翩风范；又能享受"金花间银蕊，翠蔓自成笑"这花间鸳鸯的缕缕清香，该是人生何等惬意之事。

一动一静，二者相去甚远，除非有心人故意为之。而宁陵县华堡镇楚堂村返乡创业青年楚维向就是这样的有心人。他既是天成种植专业合作社的理事长，又是河南天明鸽业有限公司董事长，把养殖鸽子和种植金银花有机地结合在一起，他有他的道理。

夏风轻轻拂过，正好在采摘期的金银花田荡起波浪，阵阵清香沁人心脾，越过这片芬芳的绿海，一栋栋宽敞明亮的鸽舍分外显眼。走进鸽场，"咕咕咕"的叫声传入耳畔。不远处，农户们有的在清理鸽舍，有的在安装新鸽笼，辛勤劳作的汗水滴落地面，爽朗的笑声飘荡在鸽场上空……

一鸽一花一腔情，十余年间，楚维向通过养殖肉鸽和种植金银花，不断壮大规模，带领当地及周边群众走上了产业脱贫之路。他在田野中挥洒青春，守望着这片承载乡民们小康生活的热土。

机缘巧合，走上致富之路

问：每一代青年都有自己的人生际遇，我们了解到您曾经两次在人生路上作出不同于周围人的选择，能展开讲讲吗？

楚维向：2000 年，刚刚初中毕业，我就告别了老家，开始了数年的农民工漂泊生活，在那个年代，这似乎是许多乡镇青年唯一的出路。但我心底始终怀揣对知识的渴求，我渴望用知识来改变自己的命运，让父老乡亲过上更好的生活。我打工攒了钱后，去商丘报考了中专，后又在 2006 年回到宁陵县，响应国家政策创建清晨技校。

我与鸽子结缘，是在 12 年前去广东出差考察时，一次宴会上的乳鸽菜肴。初次品尝烧乳鸽，那种紧致的口感、浓醇的味道就将我深深地吸引。我小时与信鸽为伴，养鸽对于我来说是爱好，也是一段别样的回忆，但我从未想过鸽子还能有这样的市场。为此，我专门在广东多留了几天，专门去考察和调研广东肉鸽养殖的市场前景。肉鸽养殖投资小、风险小、收益高，乳鸽鲜嫩的肉质和药用保健功效让其在南方市场上供不应求，而我的家乡本就有养殖信鸽的传统，良好的自然环境也与肉鸽养殖十分契合。

考察结束，一回到家我便立刻行动起来，看书、查资料、询问专家，再到北方肉鸽养殖场考察。准备充分后，我拿出了所有的积蓄发展肉鸽养殖。在自己的养殖场里，我以笼为家，与肉鸽同住同吃，从孵化到成熟，每一步都倾注了大量的心血。苦心人，天不负，创业的第一年，我就拿到了 6 万多元的纯利润。

肉鸽养殖场内景观

天意从来高难问，人情历难方显真。在 2013 年的时候，我遇到创业以来的第一次风波，H7N9 型禽流感的肆虐让我整整一年都没有卖出一只鸽子。面对资金困难，是乡亲们向我伸出援手，把饲料赊销给我，让我在处理肉鸽的大趋势中保住了鸽子。同年，我开发了鸽子蛋产品并将其推向了市场，缓解了一部分资金压力。第二年禽流感结束了，市场回暖，乡亲们的支持得到了回报，肉鸽价格暴涨，我们都收获颇丰。

居安思危，巧解环保难题

问：我了解到您在创业过程中，还拓展了金银花种植，并且和您的肉鸽养殖十分契合，甚至大力推广到周围农户。当时肉鸽养殖已经步入正轨，为何还要冒着风险开辟新的产业呢？

楚维向：我一直牢记居安则思危这一理念，养殖业受自然条件和偶发事件影响大，单一的产业发展并不利于抵御风险。于是我开始留心第二产业，其实早在2011年，我就在家乡随处可见的金银花中找到了生财之道。

金银花性甘寒气芳香，甘寒清热而不伤胃，芳香透达又可祛邪，是一方清热解毒的良药。年底，我和乡亲们成立了宁陵县天成种植专业合作社。秋风吹过，花香四溢，沁人心脾，这一股清新的风，承载着我和乡亲们最美丽的记忆，也带着我们的致富梦飘向远方。

楚维向（右）讲解鸽子的生活习性及养鸽环保要求

绿水青山就是金山银山。伴随着养殖规模不断扩大，养殖废弃物污染开始威胁家乡的水土安全。污染问题必须严肃面对，我们想到了一个好办法，就是将鸽粪作为金银花的肥料，把金银花拌入养鸽饲料。经过实验，金银花可提高乳鸽产品的品质，而且鸽粪发酵后的肥料也降低了种植的成本与养殖废弃物处理的成本。

美丽的金银花在田野上开始生根发芽，公司进入了高速发展阶段，而市场往往先行一步，面对新时代的浪潮，政府部门对我们的支持和帮助格外重要。2018年，在政府部门牵头下，我与电商平台合作，建立了"线上＋线下"同步销售的模式，市场规模一下子就翻了倍。电商渠道打通后，我们拉长了产业链，开发了风味小吃，提升了产品附加值，不但扩大了销售渠道，还提升了利润，半年就帮贫困户销售产品高达152万元。

不忘初心，肩负共同富裕

问：2021年是"十四五"开局之年，也是全面建设社会主义现代化国家新征程的开启之年，在巩固拓展脱贫攻坚成果同乡村振兴有效衔接大背景之下，您觉得青年创业者有哪些可为之处？

楚维向：我是一名党员，脱贫攻坚我走在前，乡村振兴更应该尽到一份力！创业之初遭遇困难，乡亲们帮助了我，所以我在创业路上更该回报乡亲。作为楚堂村村委委员，我经常和扶贫干部一起深入走访全村的贫困户，到他们家里了解情况，为他们制定帮扶措施。

种植专业合作社已经有大量乡亲加入了，而这种"合作社＋基地＋贫困户"的模式也带动安置了100多名剩余劳动力就业。对于一部分因病、残丧失劳动能力而无法就业的人，我和村干部利用政府担保"四位一体"合作社扶贫贷款带动他们加入合作社，合作社每年都给他们分红 3000 元。

从金银花的定植，到除草、浇水、施肥、剪枝等管理，再到采摘、烘干、包装；从养殖场鸽子的喂养、鸽舍打扫、废弃物处理，到肉鸽、鸽子蛋出栏，再到产品出货，我"请"了很多工人，他们大部分都是年迈的贫困户。

特别是在盛花期时，金银花丛里人头攒动，场面壮观。妇女、老人都是前来采摘的，最多的时候有 300 多人。我们这里还流传一句顺口溜：金花开，银花开，金银花开幸福来。

依托政策影响，现在我们的种植专业合作社已经被授予"农民田间学校""新型农民培育实训基地"项目称号，同时也成了全县农民技能培训的中心。金银花种植和肉鸽养殖从这里辐射到全县，我们在田间地头举办培训 70 余次，培训农民学员 1000 余人。

访谈手记：创业贵在学习，创业贵在坚持，在楚维向这里体现得淋漓尽致。自主钻研，扶弱助贫，他身负群众脱贫致富责任，无论寒暑，在田间地头都能看到他带领着农民群众讲解种植技术、引进新品种，使农民群众有了稳定的收入渠道。美好的梦想照进现实，不能空谈，也不能坐等，需要付诸行动，需要捋起袖子加油干。楚维向办公室内满墙的荣誉，足以说明他的努力得到了认可。

何文珍：赤水"花仙子"，坝区带富人

人物简介：何文珍，出生于贵州赤水市宝源乡联奉村，作为一名 80 后女青年，她选择回乡创业，在赤水少有的坝区上引入花卉种植，建成了赤水最大的花卉苗圃基地，成功打造现代农业示范田，成为当地奋斗脱贫的标杆，被人称为赤水"花仙子"。

　　<u>创业心语</u>：我创业不是为了摆脱贫困的家乡，而是为了帮助家乡摆脱贫困。现在，坝区的农民不仅能通过土地流转得"租金"，还能通过务工就业得"薪金"、财政投入得"股金"、企业盈利得"溢金"。我希望通过自己微薄的力量，让村子更加富有，让村民的生活更加幸福；也希望能吸引更多本村人回乡，共同建设家乡，助力乡村振兴。

引语

　　以前说起"天无三日晴，地无三尺平，人无三分银"这句话，人们往往会想起一个地方——贵州。贵州曾是中国贫困人口最多、贫困面最大、贫困程度最深的省份。

　　在黔北边陲的赤水坐落着一个村庄——联奉村，它是远近闻名的贫困村，拥有着得天独厚的生态优势，但人们靠天喝水、靠地吃饭的原始耕作方式依旧未变。

　　经过一系列举措，2020 年，贵州 66 个贫困县全部摘帽，923 万贫困人口全部脱贫，192 万人搬出大山，减贫人数、易地扶贫搬迁人数均为中国之最，书写了中国减贫奇迹的精彩篇章。

　　然而，脱贫摘帽不是终点，而是新生活、新奋斗的起点。以前穷困不堪的联奉村现在如何？全面推进乡村振兴，它又该怎样继续前行？

　　走进贵州，来到赤水市宝源乡联奉村观田坝坝区，阵阵花香沁人心脾，大棚里的非洲菊、桔梗等花开正艳。村民正忙着采收、包装鲜花。

　　清晨 6 点，村民王庆霞就在鲜切花大棚里穿梭，她要和花农们抢抓时机采摘鲜切花。王庆霞是一名熟练工，干起活来得心应手，游刃有余，她笑着说："家门口上班，拿工资还能照顾家，非常方便。"

这一切离不开一名 80 后女青年——何文珍，作为返乡创业者，她先行先试，在赤水少有的坝区上引入花卉种植，建成了赤水最大的花卉苗圃基地——宝源乡花之谷花卉基地，成为当地奋斗脱贫的标杆。

返乡创业 聚焦花卉种植

问：乡村要振兴，人才是关键。当初是什么样的契机让你回乡选择鲜花种植进行创业的呢？

何文珍：翻阅历史，贫穷一直是贵州沉重的标签。明朝时，贵州被称为"天下第一贫瘠之地"；清乾隆年间是"岁赋所入不敌内地一大县"；新中国成立之前，贵州农村人口几乎全部处于绝对贫困状态。与全国其他地方相比，贵州曾经有"三最"：贫困人口最

基地工人采摘鲜花

多、贫困程度最深、贫困面最大。

我从小生活在贵州省赤水市宝源乡的联奉村，它更是远近闻名的贫困村，民间流传着"水在山下流，人在山上愁"的俗语。因此，改变联奉村的面貌逐渐在我的心中扎了根，也成了我一直以来的梦想。

2018 年，当长期在外务工的我再次回到家乡时，看到联奉村拥有着得天独厚的生态优势，但人们靠天喝水、靠地吃饭的原始耕作方式依旧未变。我看在眼里，急在心里。

小康不小康，关键看老乡，脱贫攻坚战为新时代中国青年提供了广阔天地。在时代的呼唤下，在对故乡的眷恋下，我下定决心：一定要为这个生我养我的村庄做些什么。但是，长久以来，"等、靠、要"思想严重制约着村子的发展，联奉村脱贫致富究竟可以靠什么？

出于对鲜花的喜爱和一次偶然的行业接触，我很快瞄准了花卉种植这个领域。但对于一个长期在外务工的年轻人来说，种地创业并不是一件水到渠成的事。

决定刚下，难题也接踵而至。花卉种植需要土地，土地从哪里来？联奉村党支部书记黄定平很重视返乡青年创业，他鼓励道："放心，像你这种返乡创业的青年，我们一定大力支持。"

缺乏经验的我，在村委会的协调帮助下，成功流转了 25 亩土地。除此之外，党支部结合人才培养计划，把我纳入"领头雁"人才进行管理和培养，帮助我实现产业发展。于是，我懵懵懂懂地走上了人生第一次创业之路。

然而，花卉的品种选择又是另一大难题，由于缺乏种植经验，最初种下的花儿总是枯萎。于是，我只身前往全国最大的花卉养育中心——昆明学习取经。

为了学到知识，我在学习期间认真抄写笔记，甚至每天要用掉一支笔芯，并亲身到大棚学习栽培技术。学成归来后，我带着满腔创业激情投身新一轮试种。

在村委会的号召下，村民们配合召开群众会，为大家分析当前鲜花市场的前景，鼓励群众共同种植鲜花。第一个吃螃蟹总是有风险的，最开始，村民们将信将疑，大多数持观望态度。于是我挨家挨户上门做工作，希望大家一起入股到鲜花种植基地中来。

渐渐地，我的热情和毅力打动了周边农户，陆续有人愿意入股。最终，我成功流转了几十户农户的土地，并成立了"七彩生态旅游发展有限公司"，运营起鲜花项目，"源于乡愁 始于爱"是我们的企业文化，也道出了我的创业初心。

不断探索 聚焦模式创新

问：听您说起创业起步的经历，确实很有沉浸感。在联奉村创业期间，想必您一定通过不断探索摸索出许多独特体会和宝贵经验。能和我们分享一下吗？

何文珍：创业前期，方向的选择不容小觑，一定要深思熟虑再行动。当时我思来想去，选择了扶郎花作为主栽品种，因其综合产值高、投资周期短、利润空间大，能够获得不错的收益，确实后来也点燃了村民们的入股热情。

基地充分发挥企业主动、政府推动、金融撬动、部门联动"四级叠动"作用，不断整合各类资金资源、扩大种植规模、完善配套设施，大力发展鲜花产业。

在农村产业发展中，坝区发挥着重要的辐射带动作用，但赤水的坝区数量非常有限。赤水市农业农村局局长万恩毅曾抱怨道："为了找坝区，整个赤水都选遍了，连遥感卫星都用上了。"

　　没有条件就创造条件，最终，赤水投入 2160 万元"创造"了 4 个"袖珍坝区"，宝源乡的观田坝就是其中之一。经过三年多的努力，位于观田坝的花卉产业已经获得显著成效。2020 年种植面积达到了 241 亩，其中有 180 亩为大棚种植，大棚种植亩单产产值 13.5 万元，亩均利润达到 2.95 万元。

　　创业期间，我尝试探索其他种类花卉的种植，成功试种了桔梗、向日葵、绣球等。如今，赤水河畔，宝源乡观田坝鲜花朵朵，绽放着艳丽风姿。鲜花质量、产量尚好，也渐渐有了名气，不少客商慕名而来。

何文珍在基地采摘鲜花

　　如今，鲜花的销售市场由原来的赤水市城区扩展到泸州、宜宾、习水、遵义和重庆等地，鲜花种植已经成为宝源乡联奉村观田坝区的主导产业之一。

为了实现产销一条龙,我在赤水市中开设了宝源花之谷直销店,鲜花主要销往赤水及周边城市180多家花店,销量平均每天能够达到3000束,常常供不应求。

为了让本地老百姓广渠道增收,公司尝试采取"党支部+龙头企业+村合作社+农户"的发展模式,农户以土地、资金的方式入股,公司统一运转,让他们以"土地流转得租金、务工就业得薪金、财政投入得股金、企业盈利得溢金"四金齐上的方式增收致富。每年农户可以通过土地流转获得11.8万元,通过务工获得404.6万元。

市场蛋糕越做越大,销售方式也逐渐多元。"非洲菊200支""组合装100束"……电话、微信、朋友圈,都成了销售的主场,订单一到,村民就在基地采收包装为客户"配货"。

每到周末,轻车熟路的客商、慕名而来的游客、采风的摄影爱好者,不约而同来到基地,在花海里畅游、拍摄,或提着篮子,体验采摘,选好中意的花朵,请花农设计包装好,扫码支付即可带走。

大家的日子过得红红火火,看着大棚里盛开的鲜切花,群众笑得更甜了,我心里也更满足了。

开展培训 聚焦脱贫致富

问:作为当地有名的青年创业致富带头人,您都采取了哪些举措带动联奉村村民脱贫致富的呢?

何文珍:扶贫的关键在于扶智,为了让所有农户能够掌握科学种植技术,我一方面加强自身学习,积极参加培训,提高自身素质和科技管理技能;另一方面,我努力在忙碌之余抽出时间免费为村民上课,教农户如何种植管理鲜花,平均每年免费培训村民200余人次,只希望在自身发展富裕的同时能带动周边群众增收致富。

基地也致力于为村民们提供工作岗位,提倡用双手致富。作为联奉村集体经济项目之一，招聘当地村民"变身"花农、包装工等，从事整地、育苗、移栽、施肥、浇水、中耕、拔草、采摘、包装、装车等系列工作，让当地村民实现从"靠天吃饭"到"拿工资"的转变。

除此之外，无法外出、务工无门、增收致富无望、因残致贫是许多残疾群众和残疾家庭的真实写照。近年来，随着宝源鲜花种植基地日渐发展壮大，这种现象在宝源乡联奉村得到了有效缓解——残疾群众凭借劳动让腰包鼓了起来。我把他们招聘到这里来，让他们有个地方挣钱，有多大能力就干多大的活，多挣一些钱，家庭的压力就少一点。所有的重度、轻度残疾人只要愿意，我都随时欢迎。

家住联奉村的残疾人鲍通益今年 47 岁，曾在外务工贴补家用，日子过得还算可以，这样的生活一直持续到 10 多年前，他被告知患有股骨头坏死症。由于当时家庭经济困难未能及时医治，导致鲍通益落下肢体四级残疾，在外找工作也屡屡碰壁，那时的他一度消沉，对生活失去了信心。无法外出务工，鲍通益只能回到老家，通过采伐竹原料、传统种植维持生计，生活越来越困难，他对未来感到迷茫。

2018 年，鲍通益夫妇参加了基地的招聘。考虑到鲍通益家庭情况，我决定聘请夫妻二人为基地固定工人。采花、除草、施肥，基地哪里需要人，他们就出现在哪里。他们用勤劳的双手，每月在家门口务工获得工资收入 4700 余元。今年，他们用攒下的钱买了鸡、鸭和猪，日子越来越有奔头了，我打心底为他们高兴。

2020 年 11 月 23 日，贵州省 66 个贫困县全部实现脱贫摘帽，也标志着贵州撕掉"绝对贫困"的千年标签。但是，脱贫摘帽不是终点，而是新生活的起点。未来，我将继续努力，让鲜花产业托起村民的幸福小康梦。

访谈手记：何文珍把花播种在这片土地上，成功打造了现代农业示范田，靠着花卉经济盘活了坝区，带富了乡亲，成为村民口中的"赤水花仙子"，也成了当地奋斗脱贫的标杆。绿水青山就是金山银山，何文珍依托良好的生态资源，因地制宜，发展特色产业，带动经济发展的辐射效应也逐渐显现。

刘亚楠：不畏荆棘塞途，"七彩"云南破土而出

人物简介：刘亚楠，云南傣御农业科技有限公司董事长，七彩野地花生创始人。作为一名持续创业者，她从 2009 年开始为云南多家农业企业提供品牌咨询和营销策划服务，2012 年发现七彩野地花生并开始尝试构建科学化的运营模式。在创业过程中，她积极响应脱贫攻坚的号召，开发高原特色花生新产品，铺就边疆民族致富路。

创业心语：我最大的一个特点就是执着，不愿意轻易放弃。困难都是可以克服的，所以我经常说"天下无难事，只怕有心人"。我们经常讲微博时代、微信时代，现在是抖音时代，虽然我是 80 后，但是已经在短短的十年当中接触了三个时代，时代的变革也要求我们创业者不断学习、创新。

引语

素有"长生果"美誉的花生是我们十分熟悉的食物，不仅美味，且营养价值颇高。

云南独特的生态环境孕育着一种特殊的花生，不同于普通花生的红衣素裹，它有着紫色豹纹彩衣的奇特外观，以及香甜鲜嫩含有淡淡奶香的独特口感。据傣家寨子里的老人介绍，这是傣家的老品种，过去是傣王才能吃到的贡品。

然而，品种的特殊就意味着种植条件的苛刻。传统的傣家村落由于技术条件落后，亩产量极低，这一特殊品种的花生并没有得到推广，甚至没有农户愿意种植，全县的种植面积不足 50 亩。

刘亚楠只一眼便被这颗拥有 700 多年历史的独特花生深深吸引，面对种植困境，她"三顾茅庐"，深入了解这颗与她仅有一面之缘的花生，并积极与农户建立合作关系。一幅全产业链条的蓝图在她眼前缓缓铺陈开来，作为持续创业者的她自此便与这颗花生结下不解之缘。

"开发高原特色花生新产品，铺就边疆民族致富路"，在这一目标的引领下，被刘亚楠命名为"七彩野地花生"的特色产品终于冲破深厚的土地，继而冲破云南的云雾，凭借一流的品质成为云品出滇的代表性品牌。

持续创业，情定高原特色农业

问：常有人说，创业者最宝贵的地方在于他们有常人所不具备的敢于创新创造的勇气和决心。我们了解到您是一位创业 16 年的连续创业者，能谈谈自己是如何选定高原特色农业开发这一项目的吗？

刘亚楠：我从 2008 年开始接触云南农业，云南独特的生态环境和丰富的物产瞬间就打动了我。因为云南有很多"稀奇古怪"的东西，我们平时是很难见到的，我时常会想，这花怎么开得这么漂亮，这个萝卜怎么会那么甜……渐渐地就真的喜欢上了这个行业，开始进入农业。

从 2009 年开始，我积极寻找合适的产品，两年多的时间里，跑遍了云南 40 多个高原特色农业县，总行程超过 2 万公里。在那个依然住着土墙瓦片房的傣家传统村落，村里没有任何现代化设施，唯

一通向村外的路只能勉强让汽车通过，但生态环境却保护得极为
完好。

刘亚楠团队培训农户花生种植技术

在 2012 年出差孟连的途中，我被一颗披着斑纹彩衣的花生所吸
引。经过了解，这种高颜值、口感甘甜的花生是傣族王室遗留下来
的老品种，已有几百年的种植历史。

但是由于品种特殊、种植技术落后，亩产量极低，农民不愿意
种植，全县的种植面积不足 50 亩。我们把这个花生送到广州作检
测，发现它蛋白和膳食纤维含量很高，脂肪含量比较低。

凭借着多年的品牌策划经验和敏锐的市场洞察力，我认为这种
低脂肪、高蛋白、口感甘甜、香而不腻的花生，特色鲜明、营养丰
富，特别适合开发成代表高原特色的健康休闲食品。

根据它的斑纹彩衣和山地种植特色，我将它命名为"七彩野地
花生"，并信心满满地决定开发这个藏在大山深处鲜为人知的产品，
以绿色种植为基础，通过品牌塑造和市场营销将它发展成为高原特
色产业。

直面障碍，革新产业运营模式

问：非知之难，行之惟难。您之前提到，七彩野地花生品种特殊，项目初期面临着种植技术落后、亩产量低、农民不愿意种植等一系列问题。那么在项目运作过程中，您都遇到了哪些困难，自己是如何解决这些困难的呢？

刘亚楠：2012年发现七彩野地花生时，孟连当地总种植面积仅有不足50亩，市场上没有售卖。这时我才发现，要打通从育种、种植、生产、研发、销售的全产业链条，困难远远超出我的想象。

七彩野地花生与老挝企业合作签约现场

项目的前期开展非常困难，我们主要面临两大困难。一个是由于农户的文化水平限制，沟通出现极大障碍，农户对于七彩野地花生扩大种植和市场销售缺乏信心。另一个是由于种子规模体量极小，短期内难以实现扩大种植。

作为一个持续创业者，我深知创业初期不断碰壁其实再正常不过。我并没有放弃，而是步步为营，带领员工不断完善企业管理制度和项目运营模式，坚持"以人为本、以诚立信"的企业理念，克服重重困难，在危急中逆流而上，大胆进行创新。

我们一方面与农户和当地政府进行积极沟通，尝试构建科学化的运营模式；另一方面合理规划种子使用，边育种边种植，同时引入科研力量进行良种选育和种苗提纯扶壮。

由于基础产量少，种子极度匮乏，我们前三年的时间都花在对种子的提纯复壮和种植技术研究上，每年至少投放 100 块试验田用于研究提高产量、防虫防害等。

三年的沉淀使种子问题得到初步解决，种植技术也有了跨越式的提升，第四年终于把种植面积扩大到 8000 亩，亩产量从 80 公斤提升到 200 公斤。

在这个时期，虽然项目进展遇到了许多困难，市场却给予了我极大的信心。在 2013 年的农业展览会上，七彩野地花生方一亮相就引起关注，展位前排起了长队。

经过与有关领导部门沟通，在省委、省政府可持续化产业发展思想指导下，我们找到了适合七彩野地花生发展的道路，在不断探索之下，形成了"企业 + 党支部 + 合作社"的三方共赢模式——党支部负责宣传和组织种植；公司为农户提供育种、种植、防虫、采收、清洗等关键技术支持，农资种苗、保底回收，市场销售；农户进行种植及初级预加工。

此模式既保证了农户稳定提升的经济利益，又满足了企业发展的货源需求，同时给村集体带来了一定的经济效益。三方合作模式下，七彩野地花生项目正式扬帆启航。

在"企业 + 党支部 + 合作社"的核心模式下，我带领企业员工一步步探索，引入云南省农业科学院、中国农业大学、云南农业大学等农业科研团队进行优选育种和标准化种植、花生保存技术研究，大力发展科学化种植与管理。

公司全力打造形成集七彩野地花生育种、种植、生产、加工、销售为一体的全产业链模式，引进先进技术与农业器械建立现代化工厂，实现标准化种植、标准化生产和标准化品控。我们的分级技术、花生防霉技术、防虫技术、储存技术、保鲜技术等技术水平在国内领先。

过去的 9 年间，我一直为扩大花生种植面积在各地奔走。随着技术的成熟和市场的拓展，我们在 2016 年逐步扩大种植规模，通过对土壤条件、降雨量、温度等专业指标的筛选，开发了云南、老挝、泰国、缅甸等国内外种植基地，目前种植面积已达 10 万亩，实现了四季可循环种植，成为全国唯一一家全年供应新鲜花生的企业。

分布广泛的种植基地能让企业最大限度地规避自然灾害给农业带来的风险，从而实现收购价格的平稳，保证了种植户的稳定收益，打破了农产品最致命的"周期魔咒"。

绿色生产，助力云南精准扶贫

问：作为傣御农科的董事长，您是怎样带领公司响应中央精准扶贫、精准脱贫号召，助力脱贫攻坚的？

刘亚楠：之前说到我们形成了"企业＋党支部＋合作社"的核心模式，正是在此模式的引领下，扶贫工作取得了可喜的成就，越来越多的农户参与到项目中来。

对于花生的种植采摘方法，企业年均对农户实地培训超过 60 次，年均培训人次超过 1 万人。

七彩野地花生亩产量从最初的 80—100 公斤 / 亩提升至 200—300 公斤 / 亩，累计带动超过 3 万人次进行七彩野地花生种植，实现农户平均亩产收益 3000 元。在 6 年时间里,我们辐射带动了种植农户 2 万户以上,其中建档立卡户 1 万户以上。

种植范围与种植规模已经发生了翻天覆地的变化,种植范围扩大到云南省内适宜种植的沿江干热河谷地带,种植面积更是从不足 50 亩扩大到 5 万亩。在云南独特的气候条件下,实现四季轮种,季季上新,与此同时,从前闭塞落后的村寨逐渐开放,农户的生活得到了极大改善。

我们始终以"开发高原特色花生新产品,铺就边疆民族致富路"为主要目标,现与 6 个县、20 多个乡镇、80 个村合作种植七彩野地花生,采用"党支部 + 贫困户 + 企业"的方式组织专业合作社开展生产活动,另每吨给予村集体经济 200 元补贴,建立高效运营模式。

同时,我们优先支持建档立卡户脱贫致富,累计扶持建档立卡户 4000 多户,带动农户达 1 万户以上。由于扶贫工作成效显著,还经团中央推荐,参与录制《天天向上》节目的"五四青年扶贫公益"短片。

2021 年开始,我带领团队以乡镇为单位、自然村为主要抓手,建立七彩野地花生乡村振兴产业示范点,并辐射邻村,以点状自然村巩固七彩野地花生产业带,形成整体面的乡村振兴产业。

星星之火,可以燎原,我们现阶段所开发的点状农业也在为实现乡村振兴的目标而努力。

访谈手记:开发高原特色花生新产品,铺就边疆民族致富路。作为一位创业 16 年的持续创业者,刘亚楠结缘七彩野地花生,情定高原特色农业,发展新型种植模式,带领农户脱贫致富。星星之火可以燎原,从脱贫攻坚到乡村振兴,她一直在路上。

第七章　让农产品走出大山

张云：我见过日晴月朗与热风冷霜

人物简介：张云，1983 年 12 月出生于山西省吕梁市石楼县。大学毕业后在外就业，耕耘岁月、磨砺十载，2016 年毅然挥别城市繁华返乡创业。先后成立了"石楼县金禾小杂粮专业合作社""山西青创农业科技有限公司"，开创出一条深度贫困县的扶贫之道、返乡青年的创业之道、农产品开发的创新之道。

创业心语：作为国家级贫困县、山西省深度贫困县的农产品产业扶贫带头人，作为吕梁这个英雄之地、荒塬厚土的孩子，我生于斯长于斯，惯看贫穷却又不甘贫穷，决心立足于当地资源，发掘、打造我们石楼人自己的品牌，努力实现自我价值，为石楼县全民脱贫致富奔向好日子作出应有的贡献。

引语

人说山西好风光，左手一指太行山，右手一指是吕梁。黄河东岸的吕梁山是一座英雄的山，一部《吕梁英雄传》是吕梁革命史的真实写照。但山大沟深的吕梁山又是一座贫困的山，囿于恶劣的自然条件，吕梁山区在经济发展中掉了队，成了中国 14 个集中连片特困地区之一。

吕梁山西麓的石楼县，商周时期即是方国，西汉置县，因"通天山石叠如楼"而得名。石楼也是红色老区，是红军东征的首战地。1936年，红军总部在毛泽东亲率下，渡过黄河，打到山西，开辟了新的抗日根据地。在此路居19天的毛泽东，创作了著名诗篇《沁园春·雪》。

这么一个红色老区，怎么脱贫？怎么打赢脱贫攻坚这场硬仗？怎么实现从脱贫摘帽到乡村振兴的持续发展？

破解难题关键在人——年轻人，返乡创业的奋斗青年。他们用吃苦奉献和知识智慧，用一个个具体的产业项目，撬动着一片片荒山秃岭上的产出，为石楼未来发展找到了方向。他们也是身边年轻人的榜样，吸引着同学朋友纷纷回乡，奠定了未来石楼发展的人才基础。他们是吕梁山上的新英雄，犹如火种。

2020年2月底，山西省人民政府宣布，包括石楼在内的58个贫困县（区）全部实现脱贫摘帽，区域性整体贫困问题基本得到解决。石楼县将祖祖辈辈戴在头上的贫困帽子扔到了身后的山沟里。

万事开头难不算难，进退两难才是难

问：我们了解到您在创业前原本是有稳定的工作的，是什么契机让您萌生出返乡创业的想法，又为什么选择了这个和自己原本工作关联不大的小杂粮产业？

张云：我高中毕业后就离开石楼县，到了太原。边打工边读了大学，后来卖过光碟，送过报纸，毕业后又在中国贸易报民营经济周刊、网易新闻吕梁站当了十年记者。结婚生孩子后，感觉总这么漂泊也不行，挣不了多少钱，就琢磨回家做点事。

我回到石楼县后第一时间就做了简单的调研。县里山地多，除了种植玉米，全县还有27万亩红枣、10万亩小米和24万亩核桃。这些优质无公害小杂粮，是好东西，但石楼没有一个产业，原粮也都被拉到别的地方加工，老百姓收入微薄。

所以在创业之初，我最早的设计是筹建一个小杂粮加工厂。我想以我在经济周刊工作的阅历和对民营产业发展良好趋势的敏感度，做小杂粮的收购、粗加工和销售应该不成问题。

刚好我认识一个企业家朋友，和他交流了我的想法后，他投资了300万元支持我回家乡创业建厂。但是这里条件实在太差，光说交通，石楼到现在都没有一条高速公路。从县里到市里的几十公里，开车要两个多小时。一旦下雪，进不来也出不去。所以我的那位企业家朋友和我到石楼实地考察了一次后就撤资了。

鞭炮也放了，秧歌也唱了，周围的人都知道老张家的孩子回来建厂了。我想，万事开头难，没有投资大不了靠自己。2017年6月，我就硬着头皮，用自己攒下的和找别人借来的钱，开始在裴沟乡桥子头村的一个小山沟里建厂。

我在当地寻找出路，邀请太原的一些老板来融资，但他们也是看一次就不来了。资金出了问题，一年后厂子还没有建起来，我手里的钱和父母给弟弟攒的结婚钱全变成了投资资金，陷进去100多万元。每个月父母那边刚领退休工资，这边就得拿来给工人发工资，在太原的两个孩子的补课都停了，找人借钱维持企业生存成为一种常态。到最后项目停转、负债、工人纷纷辞职，只剩下一个工人，这个最后的工人就是我父亲。

当时愁得睡不着，头发一把一把掉，去检查身体又没有毛病。我就想，继续干吧，资金不足；不干吧，砸进去的钱半点响动都没听着。要不因为我是石楼人，这么多老百姓看着，早跑了，但是留下也是等死。

选择更胜努力，创业最重要的是方向

问：创业难，业难创，难创业。听起来，似乎资金难是您创业路上的最大难题，您是如何走出困境的？

张云：我觉得，创业路上最大的难题其实不是资金，而是方向。当时我很迷茫，很多次想过放弃，但就像《吕梁英雄传》片尾曲的歌词，"你见过大地洪荒，你经过岁月沧桑；雷劈过，你依然高昂；火烧过，你仍旧茁壮"，我心想再坚持一下，就又四处再去找人借钱。只不过我这种没有正确方向的努力只会加重我的困难。

2018 年夏天，就在我几乎要放弃的时候，团中央派驻石楼的扶贫工作队队长孟利，正好在寻找石楼县农产品精深加工的出路，物色能干这件事的年轻人。他找了三次，然后找到了我。

我最早想的是把老百姓的杂粮收起来，粗加工后卖出去，说白了是个碾米企业。孟利听了我的想法后反问了我两个问题："你看看碾米企业在吕梁有多少个？靠粗加工能得好的又有几个？"

孟利给我启示后，我在一家超市站了两个钟头，发现谷类精细深加工产品有 9 个人过来买，一买就是几百块。然后我沉下心来进行深入的市场调研，打开思路后，我明白先前进入困境的真正原因是方向错了，我的项目没有盈利预期，所以不被投资人看好。

大海航行靠舵手，创业最重要的是方向。想清楚方向后，我找孟利谈了我想改变经营方式的想法。经过几个晚上的交流，孟利帮我拍了板，要我开发一款让消费者简便易食的杂粮产品。农户生产原粮，企业搞深加工，做长产业链，做出品牌，带动乡亲们脱贫致富，沿着这一规划路径，我们共同想到了一个概念——代餐粥。

2019 年初的时候，在团中央派驻石楼的扶贫工作队的帮助下，先后协调周转金、集体资金近 200 万元，解了我的燃眉之急。加上消费扶贫政策返还的资金，我在短时间内摆脱了欠账的困扰。随后我成立了山西青创农业科技有限公司，组建了石楼县金禾小杂粮农民专业合作社。随后，我们邀请了山西中医药大学的教授研制配方，注册了品牌"一碗粥道"，设计了"公司＋合作社＋村集体＋贫困户"的扶贫模式，建立起了企业与贫困户、村集体的利益联结机制。

孟书记带着扶贫工作队在技术和资金上给我大力支持，公司很快进入了快车道，还撬动了 700 多万元的各类社会投资。我们立足本地红枣、小米等小杂粮，聚焦核桃芝麻黑豆粉、红枣小米粉、红豆薏米粉三款方便粥品。三款拳头产品，一天可以生产 2000 多盒，一盒在市场上可卖到三四十元。

唱响品牌帮扶贫困，严控品质服务消费

问：找准方向，形成模式，引来投资，看起来一切都在向好的方向发展，您是如何解决产品销路这个问题的？

张云：有了好的产品其实还不够，扶贫工作队为我和另一个品牌联系协调了人民优选、淘宝天猫店、京东商城等线上销售平台，还多次带我们去国家商标总局、北京有关电商平台等对接，对我们的品牌建设、推广等工作给予了大力支持和保障。

除了直播带货，我还上了湖南卫视《天天向上》节目，现在每天都有上百单。靠着扶贫工作队的帮扶，品牌在市场上越来越强，半年多时间，产值和品牌价值就突破了 500 万元。2019 年下半年，"一碗粥道"就实现销售额 370 余万元，带动超过 200 户贫困群众增收，成为"吕梁市十大名特优功能产品"。

以前收粮食，收了就拉出去了，现在收贫困户的粮食，每斤贵一毛钱，别小看这一毛钱，大账算下来可不少。光是 2019 年下半年，我的加工厂就"吃"掉了吕梁 34 万斤小杂粮。厂里有很多来工

张云（左一）作为石楼县返乡创业青年典型，被团组织推荐参加湖南卫视《天天向上》节目录制

作的都是贫困户，以前他们旱地种粮，过的是靠天吃饭的日子，现在他们多了一条路子，收入翻了几番，生活也在变好。

在第四届国际创新创业博览会上，借着扶贫东风，我与义乌和北京的两家电商签约了4000万元的订单。这意味着接下来的两年内，保守估计就要消化掉300万斤优质小杂粮，直接撬动了整个石楼县的杂粮产业。但是还差得远呢，这只是万里长征的第一步。这些订单背后是厂里60多户、200多口贫困乡亲的生计和饭碗，更是整个县杂粮产业的生命线。

消费者的需求也很重要，所以我们对产品品控抓得很严格。加工厂拥有无尘车间、红外线低温烘焙线、自动包装线以及由专业骨干组成的经营团队。说实话，一天2000多盒的产能是远远不够的，但是为了保障产品的质量，我们坚持不使用更便宜、产能更高的膨

张云（左一）介绍"一碗粥道"相关产品

化工艺，因为这会导致产品营养价值大幅下降。我们坚持用低温烘焙，还用更健康的铝膜包装，哪怕只有一条生产线，也不能放松品质要求。

总结起来，"一碗粥道"的寓意就是：带动百姓脱贫之道，返乡青年创业之道，精品粥类产品之道。

扎根家乡展身手，乡村振兴再建功

问：您本人是团中央定点帮扶的受益者之一，对于接下来自己反哺带动更多青年创业就业，助力脱贫攻坚和乡村振兴有效衔接，有什么想要做的事吗？

张云：脱贫攻坚阶段，我们常常讲，扶贫需先扶智，这个"智"指很多方面。是对孩子的教育，是对农户的技术指导，也是对创业人才的专门培训。孟利书记曾经说过，找我做这个事情的初衷很简单，需要为深度贫困县留住一个明白人。不论是刚刚结束的脱贫攻坚，还是现在的乡村振兴，为县域地区留住一个人才，是能够带动一大批群众致富的，这才是实现脱贫致富和乡村振兴的长久之计。

像我一样在石楼县创业的青年有很多，我们很多人在开始的时候都有相同的问题，比如缺技能、缺资金、缺平台、缺渠道等。这对于刚刚创业起步的很多青年来说是很大的困难，但是在团中央和各有关方面的帮扶下，这些困难也都是可以解决的。

现在，我们按照"公司＋合作社＋村集体＋贫困户"的扶贫模式，实现"资源变资产、资金变股金、农民变股东"的"三变"，并且结合石楼当地的实际情况，建立了严格的企业与村集体和贫困户之间的利益联结机制，初步探索出来一条"电商＋公司＋合作社＋农户"的"三变"升级版。在公司创新发展、村集体壮大的同时，让贫困群众切切实实得到实际利益，达到创收、创利、获得、获益的初衷。

"服务青年创业，让创业的星星之火燎原为脱贫奔小康的熊熊烈火，才能培育出深度贫困县持续发展的原动力。"这也是孟书记总跟我们说的。虽然我做的只是一个小产品，但是也能深耕出大文章。优化产业链、延伸价值链，把小产品做好，带动乡亲们致富，这是实现乡村振兴最现实的路径。

在黄河之滨、吕梁山脉这个英雄之地、革命老区，我和其他创业青年一道立足于当地的资源，发掘、打造自己的品牌，在实现自我价值的同时为石楼县群众的致富小康梦而努力奋斗。

访谈手记：张云，一个国家级贫困县、省级深度贫困县的农业扶贫带头人，一个在黄河之滨、吕梁山脉这个英雄之地、革命老区长大的土孩子，一个生于斯长于斯，惯看贫穷却又不甘贫穷的新时代青年，正在用自己的实际行动，立足于当地资源，发掘、打造石楼人自己的品牌，实现着自我价值，为石楼县群众的致富小康梦，也为自己的创业梦努力着、奋斗着。

王昆：长白山里飞出了蒲公英

人物简介：王昆，出生于吉林省延边朝鲜族自治州安图县新合乡十骑村，2008年毕业后返乡创业做药材生意，在长白山这个最不缺乏药材的地方，他选择了最不起眼的蒲公英，成功打造出符合市场需求的药食兼用新产品，成功带动当地走上创业致富新道路。

创业心语：作为一名党员，我从零开始，从头奋斗，为的是和乡亲们一起变得富裕，变得幸福。蒲公英是众多延边特产中不起眼的一个，但我希望和大家一起，将蒲公英产品送到全国千家万户，在山村里开出最美的花。

引语

天池美景、白山黑水、林海雪原、人参山货……提起长白山，人们总会想到这片人间仙境的种种特色。每年初夏，20余公顷的蒲公英花开遍长白山脚下安图县新合乡的十里八村，成为当地的一道风景。

在这片蒲公英花海里，有一位返乡创业的青年，他不羡都市生活，偏爱山沟创业。他怀揣着满腔热情，十年如一日，把遍野的蒲公英发展成一个脱贫致富的好产品。他就是安图县新合乡恒源蒲公英生产专业合作社理事、安图县新合乡恒源山珍食品有限公司总经理王昆。

蒲公英象征着自信、坚持与勇敢，随风飘散的蒲公英，看似自由，实则在它扎根的那一刻起，便是孕育希望的开始。毕业后漂泊在外的王昆富有朝气、敢于拼搏，当他选择扎根家乡，希望的蒲公英也在此发芽了。

地丁叶嫩和岚采，天蓼芽新入粉煎

问：和蒲公英结缘，听起来像是一段浪漫美好的故事，向我们讲讲您的创业故事吧。

王昆：在年轻的时候，自己身上仍有一份书生的朝气，一份拼搏的勇气，面对大城市优渥工作的邀约，将我带回山村的仍是那一份对家乡的眷恋。我渴望为乡村振兴贡献力量，也希望带领乡亲实现共同富裕的美好生活，这样我的人生才更有意义。

万事开头难。刚刚离开学校、步入社会，我一头扎进了创业的大潮之中，经验的缺少让我饱尝艰辛，遇到了无数的风险和困难，有几次还险些血本无归，但我最后还是创出了一条符合家乡现状的创业之路，这就是蒲公英相关产品。

王昆团队研制出的"仙光牌"蒲公英茶

蒲公英入药、入食古来有之，一次偶然的机会，我获知家乡常见的蒲公英兼具丰富营养价值和药用功效，是被国家列为药食兼用的植物。

凭借前一时期积累的市场经验，我察觉到了家乡具有种植蒲公英的自然资源优势，十骑村农户的经济作物种植经验也很丰富。

因此，我决定尝试蒲公英种植与产品加工项目。经过大量收集资料、市场调研和虚心求教，我研发出以蒲公英根为原料的"仙光牌"蒲公英茶。产品一经推出，市场反响强烈，而且时常会出现供不应求的情况。现在，"仙光牌"蒲公英茶已经成为吉林省特色农产品品牌。我也带领乡亲们收获了第一桶金。

弃落荒坡依旧发，无缘名分胜名花

问：传统种植养殖业都有其脆弱的一面，据我们了解，您在蒲公英茶创业的过程中也曾遭遇不少挫折。可否向我们讲一讲您是如何应对这些困难的？

王昆：在创业的过程中，我所遇到的最大的困难是一场洪水。2010年秋，蒲公英长势喜人，合作社新建厂房也刚刚竣工。正当我和合作社社员们一起期待金秋回报之时，安图县遭受百年不遇7·28特大洪水，合作社新建厂房损毁，蒲公英种植基地被无情的洪水冲得一无所有，蒲公英茶被迫停产。

突如其来的变故使得很多社员动摇了，刚刚燃起的脱贫致富希望存在被浇灭的可能，有些乡亲甚至表达了要退出的想法。危急时刻，地方政府伸出援手，为合作社协调20万元贷款，一解燃眉之急，厂房得以重建，蒲公英茶得以继续生产，社员们一年心血终于保住了。2011年，我带领合作社社员扩大蒲公英种植面积，直接增收达50万元。

　　回首一路风风雨雨，政府对我的支持始终是我最坚强的后盾。2018 年，互联网经济大潮席卷各行业，在地方政府的大力支持下，我决定开办网店，利用电子商务扩大蒲公英茶的销路。

　　网店创办初期，每天的点击量就高达 2000 次，成交量更是十分可观。紧接着，"仙光牌"蒲公英茶又成功入驻各大商超，"线上 + 线下"的销售模式使得"仙光牌"蒲公英茶远销到黑龙江、辽宁、内蒙古、北京、上海、浙江、四川、海南等省份。

　　身为一名共产党员，我深知致富不忘众乡亲的道理。因此我成立了安图县新合乡恒源蒲公英生产专业合作社，以"合作社增效、农村发展、农民增收"为奋斗目标，积极引导乡亲们投身蒲公英种植。

　　得益于蒲公英种植，很多社员相继脱贫，合作社社员人数逐年增长，每年农忙季节临时雇工年均 800 多人次。在有效解决农村富

王昆荣获"吉林省 2018 年脱贫攻坚奖"

余劳动力转移问题的同时，也增加了农民家庭经济收入，实现企业经济效益和社会效益同步增长。

经过我和乡亲们几年的不懈努力和社员们的共同奋斗，曾经小小的合作社已经成为十骑村百姓脱贫致富的"聚宝盆"。我也从曾经乡亲们眼中那个"看着长大的王家小子"，一步步成长为十骑村"致富带头人"。

胜景险峰皆过眼，甘将春喜送千家

问：作为一名共产党员，向我们讲讲您个人参与脱贫攻坚战役的故事吧？

王昆：在扎根家乡创业致富的同时，我也没有忘记自己应该肩负的社会责任。

2010年安图县遭遇百年不遇特大洪水期间，我全心全意投入抗洪救灾的队伍中，背着粮食翻越崎岖山路，行程6个多小时，将粮食送到受灾群众手中，返回家中时已几近虚脱；在延边州遭遇台风"狮子山"特大洪灾时，我捐款5000元帮助受灾家庭恢复重建。

在安图县脱贫攻坚工作中，我主动包保5个贫困村255户501人，免费教授蒲公英种植生产技术、回购农产品。2017年洪水再次来袭，我个人承担了全部的经济损失，并兑现了每一个社员的红利收入。习近平总书记教导我们要为乡村产业振兴努力，为乡亲的富裕生活努力，在之后的工作中我也会坚持贯彻下去。

2019年，经政府推荐，我参加了由团中央组织的全国青年马克思主义者培养工程。近一年学习让我受益匪浅，更加坚定了自己带领身边贫困群众早日脱贫致富的决心和信心，我将用行动担负起这一份光荣的任务。

访谈手记："创业成就梦想，助力家乡脱贫"。王昆用自己的实际行动，践行着扎根乡村创业的梦想，争做"三农"建设的实践者、农民致富的带头人、扎根农村创业青年的指导者。

梁洪涛：地瓜也能"挣大钱"

人物简介：梁洪涛，1990年9月出生于辽宁省阜新市。24岁时，受沈阜200万亩现代农业项目召唤，他带领电商团队从深圳返乡创业，创立了辽宁恒达源农业有限公司，从事红薯种植，致力于带动家乡脱贫致富，实现乡村振兴，荣获第十一届"全国农村青年致富带头人"等荣誉称号。

创业心语：创业可以很快乐，种地也可以很轻松。现在农户们体会到了抱团发展、科学技术的重要性，大伙儿的腰包鼓了，一些陆续返乡的年轻人在家乡也可以建立起自己的事业。我将带着我的团队，为更多的农户服务，为乡村振兴贡献自己的价值，带着我们的梦想，把地瓜卖给全世界。

引语

"地瓜车、地瓜墙、地瓜媳妇、地瓜房……在我们彰武县，种植地瓜有百年历史。地瓜虽然长在沙壤土里，但是能甜到你心里。"辽宁省阜新市彰武县委副书记、县长杨敬忠曾这样为彰武地瓜代言。

彰武素有"全辽管钥"之称，是连接山海关内外的交通要道，犹如一把打开关内外大门的钥匙。彰武县85%是沙壤土，水源是经过层层过滤的纯净沙泉水，独特的自然条件造就了彰武地瓜、山药等农产品的超高品质。

2021年4月，农业农村部公示2021年第一批农产品地理标志登记产品，全国186个农产品入选，阜新市"彰武地瓜"成功入选。

季春时节，走进彰武县，兴隆山镇花家村的桃花星星点点。

村子深处，一字排开的设施大棚内绿意盎然，辽宁恒达源农业有限公司的红薯育苗基地正坐落于此，90后返乡创业小伙梁洪涛就在这里工作，也是这家公司的主人。

面色黝黑的梁洪涛从大棚里探出身来，让人一时很难把他和90后联系起来。这个返乡创业大学生，人称"地瓜哥"。

曾经，"走出去"是农村孩子实现梦想的第一步。如今，"回乡来"是许多受过教育的农村孩子拼搏奋斗的开始。

2020年，以阜新90后小伙梁洪涛为代表的一群年轻人，带动左邻右舍，把当地的农特产品通过电商平台销往全国各地。梁洪涛喜欢这种拼搏，他常对身边的伙伴说："谢谢一起拼过的你。"

"敢想、敢拼、敢做，不创业可惜了"

问：很多农村父母供子女上大学，很大程度上是不希望子女像他们一样，每天重复着艰辛的耕耘生活，您当时做了回乡创业这个决定，父母是否支持呢？

梁洪涛：每当有人问我："机械设计专业的毕业生，在央企做得顺风顺水，为什么要离职选择返乡创业呢？"我的答案都是"情怀"二字，不甘平庸和对家乡的情怀。

2012年，我从沈阳工业大学机械设计专业毕业时，心仪的公司在500人中招聘96名应届毕业生，我以第二名的成绩成功入职，自己的身份从农民子弟蜕变成为国企职工。

但是经历了半年舒适的工作后，天性"不安分"的我内心产生了莫名的恐慌：难道我的人生就这样一眼望到退休了吗？抱着"世界那么大，我想去看看"的心理，2013年，我辞职南下，考察华中、华南各地市场。

之后，我就职于北京某展览服务公司，组建团队做优质农产品深加工产品的销售，定位于东北干货的甄选交易和流通。突然有一天，望着车水马龙，我觉得奔波于全国办展会的我像一片漂在水里的浮萍，没有根。

走了那么多地方，还是故乡的土地最深厚，让我的心里最踏实。2014 年，为了响应沈阜 200 万亩现代农业项目的召唤，我决定带领电商团队从深圳返乡创业、扎根农业，立志用自己所学服务农业发展。

正如诗人艾青所说："为什么我的眼里常含泪水？因为我对这土地爱得深沉。"因为生于农村，我对农业种植情有独钟，也乐于享受一粒种子变成一片郁郁葱葱田园的惊喜。

回到家乡投身农业，既能实现自己的归乡愿望，又能体现自己的人生价值，何乐而不为呢？而且自己敢想、敢拼、敢做，不创业可惜了！

但是刚刚回到大板镇各力格村，我却成了村里教育孩子的反面典型："一个大学生，居然回家种起了地，在外面混不下去了吧？""过去红薯当饭吃，现在谁吃啊，它能卖几个钱？种这玩意儿，肯定是脑袋进水了。"各种闲言碎语冲击着全家人的心，家里的氛围也因此格外紧张。

"辛辛苦苦供出来的大学生儿子，却两手空空从头开始。"父亲想不通。我把父亲不支持的原因归结为不理解。

那段日子的艰辛，不只是面朝黄土背朝天，还有诉不尽的冷眼、嘲笑和讥讽。尽管如此，我没有因为家人的再三反对、亲朋好友的阻挠而放弃自己的创业梦。

我相信，只要让父亲理解了自己在做什么，就可以打消他的顾虑。于是，我更加努力，白天在农田里干活儿，晚上学习农业知识，学技术、跑市场，尝试用行动证明自己，用结果让乡亲们刮目相看。

慢慢地，我从一个之前"肩不能挑、手不能提"的书生，变成了能顶着太阳的暴晒在地里播种耕耘的农民。我的转变，父亲看在眼里，记在心里。他意识到孩子"吃得了这份苦，受得了这份累，压力大但干劲儿十足"，因此，他的态度从反对变成了支持和帮助。

压力大但干劲儿足 难题逐个克服

问：肯定有许多人这样问过，我们还是要再问一遍，为什么选择地瓜这个产品开始创业？

梁洪涛：其实刚刚返乡时，我在创业领域方面产生过迷茫。初期做了一个占地 35 亩的榛子经济林，但是榛子经济林前 3 年难以产生经济效益，需要做林下种植来提高土地利用率。选什么来种？我陷入了深深的思考。

我爱人是南方人，她直言，来辽宁之前从来没吃过这么好吃的东北地瓜。我们习以为常的地瓜竟成了她眼中的高品质蔬菜，我分析，东北地区一年一季的种植方式能够在保证品质口感的同时，实现低农药残留甚至达到绿色有机标准。在食品安全成为大家关注焦点的情况下，种红薯具有巨大的市场空间。

我越想越兴奋，第一年就做了 15 亩红薯试验田，经多方市场调查、土壤测量、环境监测，最终确定了种植、深加工与网销为一体的立体化经营模式。

创业初期，为了更深入地了解红薯行业，我从源头种植入手，扛起锄头、钻进地头，种起了不起眼的地瓜，每天恨不得吃在田间、睡在地头，紧紧盯着一草一苗。

经过在田间地头的摸爬滚打，2014 年，我注册成立了阜新泰合薯

梁洪涛在地里收获红薯

梁洪涛（左）就种植难题向专家请教

业专业合作社，集中种植存储基地位于阜蒙县大板镇各力格村，入社社员 300 户。在团队的不懈努力下，红薯种植面积从 2014 年的 1480亩到 2017 年横跨阜彰两县的 1 万亩，年直接增收 800－1200 元 / 亩。

从简单的大田玉米种植成功转型到经济性更高的红薯紫薯种植，我始终坚持无激素、非转基因的生态种植，用有机肥改良土壤、覆黑色膜、除草不打除草剂等方法，在保证健康的前提下生产。

而当时，生产后面临的销售问题成了村里的难题，东西再好，无人能知、无人能识，走不出这山沟沟。"怎么跑市场、如何找客户？"成了我心中的一个结。

每天天不亮，我蹬着三轮车奔走在各个生鲜市场、超市、酒店，然而一个月过去了，没有一家采购商愿意接受比市场价高出一倍的地瓜，眼看着别人的地瓜都有了好销量，自己应该怎样打开僵局？这个环节要比种植更考验我的耐力和意志力。

话说千万遍，不如真实来体验。我抱着一箱箱红薯走街串巷，让大家免费吃、免费尝，如果是大爷大妈来买，就亲自一箱箱搬上楼送到家。我还买来市场上普通的地瓜作对比，让大家对比着尝，这一比，比出了"大事"：村里村外都发觉我种的地瓜确实不一样，甜度极高、蜜汁流糖、无丝细腻。

没过多久，我的优质地瓜热销十里八乡，从开始的三轮车、面包车送货到迎来了农批、生鲜连锁超市的采购单大批量送货，所有的努力和付出终于得到了认可。

赢得了好口碑，我对自己的地瓜更加有信心，2016 年注册了辽宁恒达源农业有限公司，专业从事农作物产加销一体化服务，并以甘薯的全产业链服务为方向，为专业生产合作社、家庭农场、种植大户等规模种植企业提供优质种苗、种植管理技术、加工储存等配套服务，成为国内行业为数不多的专业致力于研究甘薯产业的综合性机构之一。

带领全村脱贫致富 为乡村振兴贡献力量

问：作为新时代农村青年致富带头人，您在个人创业的同时还积极带领群众脱贫致富，能分享一下自己具体是怎样做的吗？

梁洪涛：2014 年，回乡创业的我被任命为各力格村的大学生村官，希望通过红薯种植致力于百姓的精准脱贫，助力农民脱贫增收。

在创业的过程中，我带领公司积极响应国家号召，致力于供给侧结构性改革与种植产业的整体升级，以各力格村为样板，艰苦创业，从 2014 年整村种植红薯不足 15 亩，到 2017 年合作社种植面积超过 1500 亩，被确立为辽宁省千亩红薯示范种植基地。

为实现东北甘薯种植户的联合，2017 年，我举办了东北甘薯种植经验交流会、产业交流大会……同与会者签署甘薯种植合作意向书，将东北甘薯推向全国。在交流会上，我邀请辽宁省和吉林省的专家讲解种植技术，并分享了自己的种植经验，以"扶智"带动大家脱贫致富。

2018 年，公司进驻阜新市彰武县，打造彰武红薯特色产业，"公司 + 合作社 + 农户创业团队"的发展模式带动了 22 个甘薯种植基地，2018 年创造产值 1000 万元，创造就业岗位 3500 个。

广阔农村大有作为，乡村振兴指日可待。回首当初，我起步的时候困难重重，有技术上的不成熟，有农机上的不匹配，还有农户的不理解。尽管一路走来一路坎坷，但我始终怀有一颗服务三农的心和一腔根植农业的情怀。

创业可以很快乐，种地也可以很轻松。现在农户们体会到了抱团发展、科学技术的重要性，大伙儿的腰包鼓了，一些陆续返乡的年轻人在家乡也可以建立起自己的事业，家乡的广袤大地需要这样年轻的血液。

我将带着我的团队，为更多的农户服务，为农村振兴贡献自己的价值，带着我们的梦想把地瓜卖给全世界。

访谈手记：当农业进入用大数据分析解读的"互联网＋"时代，当家乡的种植结构需要调整，农户却无从下手的时候，当人们的生活水平越来越高，需要更优质健康食品的时候，90后创业青年梁洪涛带着一腔热血奔走在家乡的田间地头，奔走在各地的蔬菜市场，奔走在各个食品加工企业，也奔走在带领老百姓脱贫致富的路上。

翁新强：岁月如歌，在基层绽放青春芳华

人物简介：翁新强，1988年出生于湖北省十堰市郧西县湖北口回族乡小新川村，大学毕业后，他返乡创办了郧西县优品五味果专业合作社，带动群众发展五味子产业，带领村民脱贫致富。先后获得第十届"全国农村青年致富带头人"、团中央第十届"中国青年创业奖 脱贫攻坚特别奖"、"全国向上向善好青年"等荣誉。

创业心语：基层太需要年轻人了，无论是脱贫攻坚还是乡村振兴，都需要年轻人加入。我在产业脱贫方面作了一些成功探索，但乡村振兴的道路还很漫长，作为一名大学生村官，我将坚定理想信念，继续扎根基层，在乡村振兴中再建新功，争做有志有为、敢想敢干的新时代青年。

引语

曾经的小新川村，三面环山，交通不便，土地撂荒、房屋破败、

村民待业……那时候，村里百姓最大的愿望，就是把孩子培养成才，创造机会走出大山。

如今的小新川村，烟叶、五味子、七夕故柿、秦岭红香椿，一个个高山土特产成为小新川村产业致富大棋盘上的棋子。众多在外工作的小新川村人纷纷回乡创业，建设家乡。小新川村的变化离不开每一个村民的努力，更离不开返乡创业、立志带领村子走向振兴的青年们，翁新强正是其中之一。

"我们正忙着选址建设新的加工厂，建成之后，能带动至少 800 户老百姓实现增收 1 万元以上。"大学生村官翁新强，黝黑的面庞，与地道农民无异。言语谈吐之间，彰显着这个年轻人对家乡脱贫事业的热爱。

他来自大山，大学毕业后原本可以跳出农门，却放弃保研和高薪工作，毅然回到深山老家"务农"；他不怕"折腾"，带领家乡父老成立农村合作社，大力发展五味子产业，仅 6 年时间，已带动数百户贫困户脱贫致富，点亮了山村的致富梦！

飞回深山的金凤凰

问：有在中建三局和剑南春公司这样的大平台上工作的经历，是什么驱动您辞去高薪，舍弃在大城市工作的机会，毅然返回深山，回乡创业的呢？

翁新强：我是一个比较喜欢"折腾"的人，在中国地质大学上学时多次创业，开过广告公司、办过培训班，这些尝试让我积累了丰富的创业经验。2012 年 5 月 19 日，温家宝总理回访母校，我作为在校学生创业代表，还受到了温总理的亲切接见和鼓励。

大学毕业后，学校给我提供了一个保送研究生的名额，但"一向不爱走寻常路"的我最终把这个名额让给了其他同学，自己选择做销售，仅仅一年时间，我成为华中片区销售冠军，年收入达 25 万元。

如果按部就班，我在城市扎根落脚不成问题。但是，穷困的家乡，是一直深藏在我心中的乡愁。

生我养我的故乡——湖北省十堰市郧西县湖北口回族乡小新川村，基础薄弱、条件差、发展能力弱。守着重重大山，村民们祖祖辈辈靠种地为生，生活简单又清贫。父老的困苦境况，时时在心中涌现。

2014 年 8 月，我回家陪父母过中秋节，从武汉回到偏远的小新川村，大城市的繁荣发展和小山村的贫穷落后形成鲜明对比。

小新川村是湖北口回族乡最偏远的村子，距离乡政府 25 公里，交通极其不便。全村 7 个村民小组 2107 人分散在 18.9 平方公里的大山里。

车子一路颠簸起伏，看到公路两侧撂荒地、破败的土房子、待业的村民们，我当时就萌生了返乡创业、改变家乡落后的农业产业结构、带领父老乡亲发展产业脱贫致富的念头。

回到家后，我上网查阅农村发展政策，了解到党中央对贫困山区的发展特别重视，各项惠农政策正逐步实施，这使我意识到贫困山区的农村将迎来历史性的发展机遇。

当时乡亲们不理解我的选择："回到这山沟沟里头有什么出息？"我的父母更难理解，一向沉默寡言的父亲第一次拍了桌子："我不相信自己侍弄了一辈子的土地里能种出个什么前途，你趁早打消这个念头。"

"一方水土养一方人，如果我自己都不愿意为家乡发展做点事情，谁还会为这里付出、为这里努力？"这是我第一次顶撞父亲。我觉得万事开头难，就怕没人带，只要大家齐心协力，村子的面貌一定会越来越好。

　　"倔强"的我决定证明给父母看，经过深思熟虑，我辞去了剑南春公司鄂西北销售总监职务，回乡参加了村"两委"换届并成功当选村副主任。

翁新强（中）给回族社员讲解五味子管护技巧

　　后来经过乡党委、县委组织部推荐报考，我通过了 2015 年湖北省大学生村官统一考试，成为一名光荣的大学生村官，并如愿以偿地被分配到小新川村担任村主任助理。我投入精准扶贫和乡村振兴的大潮中，并决心用学到的知识、积累的经验，建设自己的家乡。

　　我一直坚信：不管我们走到哪里，不管我们从事哪个领域的工作，如果能主动将个人发展和国家前途命运结合，将个人喜好与时代责任兼容，将远大抱负化作一个个坚实的脚印，我们的人生历程一定会丰富多彩。

咬定青山的播种者

问：请问您是如何挖掘当地特色，最终选择五味子产业？在创业过程中您又是如何克服面前的困难，一步步走到今天的呢？

翁新强：上任后我做的第一件事，就是发放了1200份调查问卷，了解农户的经济状况和产业发展需求。拜访老党员、走访贫困户、召开村民座谈会……

从反馈信息看，村民迫切希望村委会帮忙找一条赚钱的门路。其实，他们的期望值并不高，每个月只要有2000元的稳定收入就行。但究竟发展什么产业才能助力脱贫呢？

一个偶然的机会，我品尝到了亲戚送来的五味子红酒，敏锐地感觉到五味子拥有良好的市场前景。经过四处走访和实地调研，我惊喜地发现：郧西县是南水北调中线工程核心水源地，而小新川村属于秦巴山区典型的高寒地带，昼夜温差大，坡地居多，土地贫瘠，但却为五味子生长提供了得天独厚的自然环境。

五味子作为多年生植物，不仅可以带动当地群众脱贫致富，还能促进退耕还林，保护生态环境。我邀请校友老师帮助论证，了解产业发展状况和市场行情，最终选定了五味子产业。

但是发展五味子产业并非一帆风顺，当我把五味子种苗培育出来后，起先答应种植的农户们纷纷打起了退堂鼓，看着满地绿油油的种苗，我既疑惑又着急。

后来经过走访得知，村民们担心有风险，怕种了销不出去，不敢折腾，所以纷纷变卦："小伙子，这东西万一卖不出去，连猪都不吃，还不如种粮食保险。"

为了打消村民们的顾虑，我带头在自家地里种植，同时拜访村里德高望重的群众代表，免费给他们提供种苗和专用肥，签订保价收购协议，取得他们的支持。观望的村民们渐渐没了后顾之忧，开始转变观念、尝试种植。

此外，我开创性使用香椿树代替水泥桩柱，每亩基地配置一笼蜜蜂，不仅大大降低了投入成本，而且还提升了五味子产量，衍生出中药蜜种五味子蜂蜜。

一枝独秀不是春，百花齐放春满园。为了形成规模化，我创办了郧西县优品五味果专业合作社，创新采用"公司＋合作社＋农户"模式，先后吸纳社员 308 户，签约种植户 782 户，累计垫资 80 余万元，培育五味子种苗 200 余万株，带动 1043 户群众发展五味子 3500 余亩。

后来上级组织部门想给我压压担子，乡党委把我调到另一个重点贫困村湖北关村任党支部副书记，协助村支书开展产业扶贫工作。

翁新强（左）走访贫困户讲解产业扶持政策

湖北关村是一个回族村，村民思想观念相对保守，产业基础非常薄弱，工作难度大。

我信心满满地宣讲产业扶贫政策，发动群众发展五味子产业，尽管承诺免费提供种苗及必备物资，却无一户主动报名参与。明知山有虎，偏向虎山行，为了啃下这块硬骨头，我挨家挨户走访，但是群众反响不大。

走访过程中，一位60多岁的老党员道出了隐情："群众担心后续配套服务跟不上，特别是技术指导和产品销路。"临走时，他试探性地说："你要是能把咱村柿子都卖出去，我不仅带头栽五味子，还可以动员其他村民发展三五十亩。"

当晚我冥思苦想，找到了问题破解之道，第二天便带队前往陕西富平县实地考察，学习柿饼加工工艺，并采购了20台加工设备，与20多个柿饼批发商达成了保底销售合作意向。

回村后，我不仅把湖北关村柿子全部加工出售，泗峡口、虎坪、陕西省镇安县茅坪村等邻村柿子也被收购加工、销售一空。从那之后，大家都开始相信我，纷纷跟着我种植五味子。我感觉很荣幸，心中充满了成就感。

建设大山的生力军

问：请向大家介绍一下小新川村最新的发展成果，也请谈谈您对于推动脱贫攻坚同乡村振兴有效衔接有哪些建议。

翁新强：在上级部门的关心和政策扶持下，我创办的合作社累计带动湖北回族乡及周边地区，甚至相邻的陕西省共计1000余户农民种植五味子3500余亩。

五味子第一年种植，第二年开始少量挂果，第三年回本，第四年进入丰产期，可持续丰产8—10年。几年下来，合作社累计带动鄂陕两省 700 余户群众实现增收脱贫，户均年增收 1.2 万元以上。

此外，小新川村全境山高林密、海拔高、温差大、林场资源丰富。根据当地贫困户的家庭人口、文化素质、劳动力等差异情况，我结合村里实际情况和群众意愿，制定了适合村民发展的产业。

除了种植五味子，目前小新川村还有烟叶、香菇等为主导产业，以养殖马头羊、黑土猪为辅。全村发展烤烟种植 45 户 1000 亩，发展五味子、苍术、白及、丹参等中药材产业 243 户 782 亩，养殖秦巴黄牛、马头山羊和黑毛猪 30 多户 1000 多头，2020 年底，全村集体脱了贫。

从当选小新川村支部书记至今，几年的工作实践让我认识到，村民若想脱贫致富，必须要有产业支撑，要建立脱贫防贫长效机制，就必须建立产业发展的长效机制。

如今，郧西县优品五味果专业合作社正加强社员种植技术指导和培训，加大种植基地科学管护投入力度，提高亩产效益，带动种植户提效增收。

目前，小新川村两委先后培养了养牛大户王旭、杨才春，养羊大户刘焕兵、蔡荣兵，养猪大户刘焕明、袁知安，养蜂大户蔡荣兵、朱才坤，养鸡大户王林等典型创业青年带头人。

在小新川村两委和创业致富带头人的带动下，小新川村广大群众积极参与产业发展。如今，小新川村基本实现户户有产业、人人有事干、致富有门路。

然而，小新川村虽然在产业兴村方面作了一些成功探索，但乡村振兴产业兴旺的道路还很漫长。在 2021 年湖北省"两会"上，我提出了建议：从省级层面出台激励政策，引导更多有思想有知识有打拼精神的青年投身乡村振兴建设，为乡村振兴提供源源不断的人才保障，让乡村振兴的基础更牢靠，让乡村发展的后劲更足。

不负美好时代，不负青春韶华。未来，我将坚定理想信念，继续扎根基层，在乡村振兴中再建新功，争做有志有为、敢想敢干的新时代青年，带动更多的村民脱贫致富奔小康，将小新川村建设得更加美好！

访谈手记：放弃大城市的高薪工作，回到家乡带领群众发展产业，他用实际行动展示了当代青年的勇气和魄力；扎根基层服务群众，几年如一日，坚守在扶贫一线，他用实际行动诠释着共产党员的责任和担当。栉风沐雨，砥砺前行，作为一名大学生村官，他已经成为群众脱贫致富的领路人和贫困山区乡村振兴的生力军。

邓小燕：鸿"燕"辞金归故巢，一寸丹心报梓里

人物简介：邓小燕，1990 年出生于四川省剑阁县东宝镇，25 岁时放弃沿海高薪工作返乡创业，发展东宝贡米。她既是返乡创业青年，也是村干部，把家乡的产品推向大城市，带动了当地群众脱贫致富。先后获得"四川省优秀共产党员""四川省脱贫攻坚先进个人""全国巾帼建功标兵"等荣誉称号。

创业心语：作为一名普通党员，我没有宏伟的抱负和远大的理想，只想为脚下这片养我的土地尽自己一份绵薄之力。能够参与家乡的发展和建设，是我的荣幸；能够得到党委政府的栽培和扶持，是我的动力。无论前面的路如何坎坷，我都会坚定地走下去，只为那些群众对我期待的眼神！

引语

"剑阁峥嵘而崔嵬，一夫当关，万夫莫开"。四川省广元市境内

的剑阁县位于川、陕、甘接合部，处于秦巴山区连片贫困区。

多年来，这里的老百姓依山傍水而居，交通不便、信息不通，发展的优势不足，贫困量大面宽。在这个贫困区中坐落着一个远近闻名的"贡米之乡"——双西村。相传公元756年，唐玄宗为躲避安史之乱，逃至梓潼七曲山上亭驿，夜宿多宝寺。寺内和尚送粥，玄宗顿感胃口大开，连食三碗。

之后，玄宗差人得知此米产自多宝寺（在今剑阁县东宝镇），冠之"贡米"年年进贡，"东宝贡米"由此而来。但由于偏远闭塞，这个"荣誉"没有给村民带来经济收益。

在脱贫攻坚的过程中，涌现出了无数负重前行的身影，四川省剑阁县东宝镇双西村的邓小燕正是其中之一。燕子归时，稻香满园。南去的燕子经过凛冽寒冬的洗礼，又一次追着春天的脚步，越过千山万水，回到峥嵘而崔嵬的蜀道剑门关。

生于此长于此的邓小燕，就像归巢的燕子，在经历考验之后回归乡里，用她旺盛而蓬勃的生命力，在这片崎岖的土地上，书写着属于她的巾帼传奇。

燕归巢 从零出发

问：许多人形容您是一只归巢的燕子，能与大家分享一下自己选择回乡创业的心路历程吗？

邓小燕：在朋友的介绍和鼓励下，初出茅庐的我离开了熟悉的家乡，独自一人前往中国改革开放的前沿阵地——珠海，因为听说那里的工作环境适合年轻人，机会多，关键是可以挣到高工资。

远方果然没有辜负一个花样少女的期待，在那里，我走过了一段艰辛的历程，从不懂到懂，从脆弱到坚强，从哭泣到微笑，从放弃到坚持……有过心酸和委屈，也有过迷茫和无助。

经过一年的艰辛和磨砺，小小年纪的我拿到了梦想的薪资，参与建设珠海市幸福村居农村污水处理多个项目，曾被珠海电视台、珠江晚报多次报道。但是燕子不管飞得再远，终归会回到属于自己的故巢，对于远离家乡的我来说，故乡永远是自己刻骨思念的港湾。

2015 年，我怀着忐忑的心情返回家乡——四川广元剑阁县东宝镇双西村，但想起东宝镇党委副书记严威的承诺，又踏实了不少。"东宝镇碧水蓝天，如果没有你们这些文化人引路，啥时候能富？县里每年都在返乡创业的配套上投入上千万元，有专门的专项基金和贷款担保基金，你若回来，只管放开手脚干。"

跳出农门又回到农门，我的决定一开始遭到了父母的强烈反对："我们在农村待了一辈子，不相信自己侍弄了一辈子的土地里能种出什么前途。"

周围的亲朋好友也说三道四，甚至泼冷水，冷眼与嘲笑更是家常便饭。最初那段时间，我的身心都遭受着巨大的压力，但是我心意已决，一定要改变家乡的落后面貌！我创办了广元耕鑫农业有限公司，从此开启了我的创业生涯。

始创业 百转千回

问：青年是乡村产业振兴的生力军，但却往往绕不开创业伊始激情有余，但方向不明、经验不足的问题，您是怎么克服这一问题的？

邓小燕：我出生和成长的双西村，守着重重大山，村民们祖祖辈辈以种地为生，生活非常困窘。双西村是远近闻名的"贡米之乡"，《江油县志》记载："东宝产出的皇室'贡米'，明、清年年进贡朝廷。"但由于偏远闭塞，这个"荣誉"并没能给村民带来良好的经济收益。

让乡亲们富起来，我能想到的唯一出路，就是通过"互联网＋"模式，将双西村的农产品卖出大山，用一粒米撬动整个产业。但是创业初期，我在农业领域只是一个门外汉，从小没种过庄稼，分不清小麦和韭菜的家伙，如何在农业这个行业里立足？

虽然重重阻碍阻挡着我前进，我却努力保持乐观的心态。因为"环境不可能适应你，只能自己去适应你选择的环境。只有努力才是最有说服力的。"这是我在珠海学到的，脚踏实地、改革创新的精神已经融入了我的血液。

于是，我决定外出考察学习，本地、外地……都留下了我参观学习的足迹。回来后，我天天到村民家中、到田间地头和老百姓沟通学习，让自己学到更多关于水稻种植的专业知识。

夏插秧、秋打谷，我几乎每天与乡亲们同工同劳、打成一片，原来父母渴望我做一个潇洒体面的"娇娇女"，但在追逐梦想的路

邓小燕（左二）常常边干农活边直播，向网友介绍农村、农产品

上，我硬是成了不畏艰辛的"女汉子"。渐渐地，我从新潮的"都市白领"进化成了一位"新农人"。

第一年，我引种示范越年再生稻，不料全部亏损，负债累累。然而这些挫折并没有击垮我。第二年，我开始着力发展东宝绿色优质水稻，但是，前前后后不知多少人尝试过，贡米都没有走出大山，自己可以吗？

注册品牌、申请绿色认证证书、申请地理标志产品、开通微信公众号、建立微商城……公司变得越来越规范、专业、标准，随之以优异的成绩进驻了剑阁县双创中心。

3年过去了，我从一个对农业一无所知的青春少女变成了一个扎根农村发展的职业农民；从示范种植越年再生稻的初次失败再到成功实现东宝贡米规模种植；从率先提出"现磨现卖"健康吃米的理念到成立全国第一个生鲜大米品牌"小燕姐的店——城市打米坊"；从创建"东宝贡"粮油品牌到打造"燕乡肴"农产品区域公共品牌……这一路走来，有过委屈，有过无助，有过迷茫，也有过失败。

目前，公司开启了第二个5年计划，秉承"互联网＋产业振兴"发展战略，打造"田园综合体＋实体店＋直播电商"的乡村振兴三产融合发展的新运营模式，并努力将其打造成为西部乃至全国高端农产品直播网红基地示范项目，以品牌战略引领剑阁农业实现新时代新跨越，全力推动西部大开发形成新格局。

我的农业梦正在一步一步地实现，我的使命也更加清晰坚定：连接城市与农村，让剑阁的田间地头开满稻花，让农村变得像城市一样美丽，让城里人吃上健康营养的生鲜大米，让村里人过上有尊严、有盼头、有收入的好日子！

报梓里 一寸丹心

问：习近平总书记讲，脱贫摘帽不是终点，而是新生活、新奋斗的起点。您在创业的过程中，是如何致力于乡村的脱贫致富的？下一步对助力乡村振兴有什么打算吗？

邓小燕：随着公司经营步入正轨，我并没有忘记自己的创业初心——改变家乡面貌，改变乡风文明，带领父老乡亲共同致富。

在东宝镇党委政府的支持下，我的公司和农户建立起利益紧密联结机制，让更多的实惠惠及广大乡亲们。

建立"公司＋合作社＋基地＋社员（农户）"的组织结构，采取"流转示范＋订单回购＋土地加盟"生产经营模式，推行"农业产业扶贫＋厨房新零售＋电商"营销模式，线上线下融合发展。紧抓市场消费升级机遇，不断创新商业模式、拓展业务范围，培育新的利润增长点。

此外，我在成都、剑阁开设了 3 家"小燕姐的店"，以乡愁乡情为纽带，大力发展体验农业、定制农业，实行"城乡牵手、以购代扶"城市家庭会员制，"一对一"精准对接帮扶贫困户，有效提高产品的档次和附加值，不断拓展农户增收空间。

如今，东宝贡米种植规模超过 1 万亩，直接带动种植户 1364 户，其中贫困户 168 户、404 人，人均增收 4000 元以上。

未来 3 至 5 年，公司还将建设 2 万亩水稻种植示范基地，5000 亩稻田养鱼共养基地，带动 3000 户农户致富增收，解决 1000 人以上就业问题，将东宝贡米打造成区域文化的 IP。

这一切只有一个目的，那就是凭借自己的努力，凭借公司的努力，在党委政府的关怀下，带领东宝、剑阁、广元甚至中国西部更多的贫困村民一步步富裕起来。

邓小燕（左）与农户交流种植经验

2019 年，我组织了"从田间到蓝天，我们并不遥远"的爱心公益行活动，邀请航空公司飞行员到剑阁县龙源镇育才小学开办公益科普飞行课程，让农村的孩子树立正确的就业观和价值观，同时捐赠爱心机票给最有需要的留守儿童，让他们实现与外地务工的父母见面的心愿。

当孩子们见到只有电视上才能见到的飞行员时，都很激动。他们生长在剑阁的农村，我想让他们知道，从田间到蓝天并不遥远，农村的孩子们也可以触及蓝天白云。

同时，我也想鼓励他们，要有梦想，更要相信美好的未来。只要努力，一切都触手可及。

但是，我的梦想才刚刚开始，未来的道路还很长，需要面对的挑战也会更多。

把农民发展作为公司的基石，把党和政府服务"三农"的工作精神准确传达并推进，让不同年龄阶段的老百姓都能够用科学的方法种地，提高产量致富，是我今后一段时间的目标，也是公司团队的努力方向。

访谈手记：从珠海到广元，从农村污水处理到发展贡米产业，从村支部副书记到农业企业当家人；四川省人大代表、广元市剑阁县东宝镇双西村支部副书记、广元耕鑫农业有限公司总经理、四川燕乡肴文化传媒有限公司董事长邓小燕，在 25 岁时返乡创业，发展东宝贡米，带领乡亲们脱贫致富。她是有名的"贡米书记"，更是当地人心里的"贡米女神"。

刘阿娟：财经记者变身乡村果农

人物简介：刘阿娟，1987 出生于陕西省咸阳市淳化县官庄镇申阳村，为了照顾生病的父亲，她辞去北京财经记者职务，回到老家创办"爸爸的苹果"电商企业，带领农民进行技术革新，生产绿色无公害苹果，同时带动 300 多户贫困户脱贫致富。个人先后荣获"淳化县劳动模范""咸阳市三八红旗手标兵"等荣誉。

创业心语：历经七载，我才明白，家乡才是我的星辰大海，我也终于在自己的家乡安身立命。现在，我在本地拥有了很多荣誉，已经把对爸爸的爱上升为对这片土地的热爱，希望通过一颗颗苹果，最大可能地带动身边的村民发展产业，让他们获得尊严、收获自信。

引语

淳化县坐落在陕西省中部偏西、咸阳市北部，这里平原广阔，可归纳为"一山、一丘、五原、三沟"，原面大而山地少，沟谷多而水流小，属暖温带大陆性季风气候，少雨多旱。

这样的地理环境对于果农来说是最优之地，水少、光照足，就意味着果子甜美。优越的自然条件，让淳化生产的各种水果自古就有"淳化水果胜仙桃"的美誉。

5月中旬，地处渭北高原的陕西咸阳淳化县官庄镇申阳村的苹果树刚挂果，空气里弥漫着甜甜的苹果花香。

申阳村土生土长的85后女青年刘阿娟正在她新开辟的苹果园里修剪果苗。"这里三面都是沟，有一个相对封闭的小环境，是个完善的生态群落，完全没有被污染。从这个园子开始，我们要做真正的有机苹果。"

脸上晒得黝黑，两脚沾满泥土，干起农活干净利索，俨然一副职业农民形象的刘阿娟，五年前曾是在北京闯荡的自媒体记者。

为了照顾患病的父亲，她回到淳化老家，创办"爸爸的苹果"品牌，带领果农一起转变传统观念，尝试发展高品质的绿色、无公害果品，带动乡亲们实现增收致富。

抉择 从父亲罹患癌症说起

问：您本是一名记者，最终却选择回乡创业"变身"乡村果农，听说这中间有一个特别的故事，能和我们分享一下吗？

刘阿娟：为何放弃"无冕之王"的记者职业而选择做一个卖苹果的"乡村果农"？很多人都问过我这个问题，其实开始是为了我的父亲。

就像众多农村里的孩子一样，走向大城市的想法一直伴随着我长大。念大学时，我离开了家乡，在大城市里开始了上学打拼的生活，每年只有寒暑假才回趟老家。

大学毕业后，我在北京顺利地找到工作，奋战在新闻一线：当过 3 年财经记者，做过央视主播王凯一个项目的编剧，跟着罗辑思维团队学习自媒体经营。那时，我正着手准备出国学习深造，打算以后扎根在大城市。

然而，万事都不能遂心如意。2014 年 5 月，我接到了一个来自家乡的噩耗——父亲被确诊为小细胞肺癌，恶性、中晚期。

得知爸爸罹患癌症的消息后，我毅然决然放弃了在北京的记者职业，放弃了在大城市的美好前程，辞职回到老家，一边照顾父亲，一边"继承"父亲的家业——种苹果。

随着时间流逝，我发现父亲的脾气越来越倔，拒绝去医院，连在镇医院做血检都不愿意去，即使吃药也是用茶水冲，有时候还偷偷抽几口烟、喝点儿白酒。不仅如此，父亲对母亲的态度也急躁起来。

有一天，父亲不在的时候，母亲哭着对我说："我真不知道该怎么办了。"

我感觉，父亲生病后把自己封闭在自己的世界里，每天处于等待死亡、特别消极的状态。一定要给父亲找点事儿做，来改变这种状态。

我想起曾经陪父亲在果园里散步的时候，父亲总会跟我讲起自己种植苹果的经历，从开始栽植苹果到管理果园的乐趣，每每讲到这些，他就兴奋不已。苹果，是父亲这一辈子的关键词，贯穿了他的一生。

也许陪父亲一起种苹果可以让他再次燃起生活的希望。于是，我开始着手准备种苹果、卖苹果的创业之路，企图以此转移父亲对疾病的注意力。可一开始，父亲根本没当回事儿，觉得我是"闹着玩儿"。

直到我去县上注册公司、商标之时，父亲着急了，说我"胡成精"。但证照到位后，父亲的态度也发生了大转变，每天跟在我屁股后面，跟我"唠叨"关于苹果种植的各种注意事项。

看着父亲每天忙于为我操心苹果园而逐渐不沉溺于病情时，我心里非常开心。父亲该吃药的时候吃药，该去医院去医院，在家里不那么横的样子也让母亲觉得很欣慰。

探索　与传统果农展开"拉锯战"

问：作为返乡创业青年，过往的经历对您的创业有哪些方面的影响？

刘阿娟：在北京从事自媒体工作的经历促使我形成了一套全新的思维和想法。无论是种苹果还是卖苹果，我对每一个环节都进行了重新规划。

在种植苹果方面，我提倡控制农药用量，种植不乱打农药的原生态苹果，力争做到"不洗皮就能吃"；在苹果销售方面，我决定打破传统农产品销售规则，借助互联网和现代技术，省略中间环节，让苹果从地头直达用户手中。

起初，家里人对我不甚理解，说起互联网卖苹果，父亲更是认为我疯了："你要不赶紧想想怎么把自己嫁出去，网上卖苹果，这不瞎胡闹吗？"此外，村里人对于我"呼吁不打农药"的古怪想法也嗤之以鼻。

面对打击和否定，我不为所动，坚信自己是正确的，我将自家的苹果取名为"爸爸的苹果"，一方面，寄托着自己的亲情和爱；另一方面，也让顾客感觉到，这是直接源自土地，可以像吃自家东西那样放心地食用。

从那以后，我开始从苹果修枝、剪叶、摘果每一个环节，一点一滴学起。从果园到家里，再到电商运营中心，我一直忙碌在三点一线。

逐渐地，我的故事和经营理念打动了很多网友，购买这"不洗皮就敢吃"的苹果的人越来越多，而"爸爸的苹果"也形成了一股旋风，销量日渐上涨。

村里人对我的态度逐渐发生了变化，他们虽然搞不懂这件事，但他们不得不承认："这小丫头确实具有村里人不具备的能力。"如今，我在村里发起的合作社已经发展到17户人家，加入合作社的果农们也开始慢慢接受我的种植要求——减少农药用量。

用良心种植的苹果，一定会想让它长成自己希望的样子，因此，我对苹果的品质要求很苛刻。可是问题来了，每棵树都不一样，每家每户也有差异，怎么保证个个苹果都是高品质呢？最终我的答案是——标准化种植。

我向合作社的果农反复强调："好苹果的生产，必须要有严格的工序，包括产前、产中、产后，比如说我们从土壤修复，从定植、疏花、疏果，到后期的脱袋分拣入库，都要有一个严格的程序。"

2015年，我组建团队，主攻网络在线销售"爸爸的苹果"，我白天拍照、晚上写文章，在公众号里定期发送推文，把自己回乡卖苹果的故事分享给大家。几个月下来，已经销售了4000多箱精品果。

很多人抱怨农产品行情不好、利润不好，其实我想说，这是因为自身的问题。农产品的商业模式普遍落后，每个链条上的每个环节基本都处于非常陈腐、老旧的模式，还依靠着以前那种很落后的模式去生产、销售，导致无法拉动现代市场的消费需求。

我认为，这个产业的每个环节都急需升级、成长。上至消费者、下至生产者的"重颜值、轻品质"价值观也需要改变，慢慢来吧，农业就和教育行业一样，急不来。不过我觉得这不仅需要我、合作社作出改变，更需要整个社会共同努力。

反哺　带领家乡齐脱贫

问：您前面说过，心里其实是更加向往大城市，而回乡创业更多是为了陪伴和照顾父亲。那当您父亲去世以后，为什么还会选择留下来？

刘阿娟：正当我为拓展苹果销路忙得不可开交之时，父亲的病情再次恶化，我不得不停下脚步、放下手头的活，赶回老家看望父亲。

但是，我的孝心还是没能挽留住父亲，2016年初，父亲病情恶化医治无效，最终离开了我，但比医生预估的生命时间延长了近2年。他临终前拉着我的手说："我这辈子很尽心，你要过好你自己。"

陪着父亲走完了生命的最后一程，可以说，我创立"爸爸的苹果"的初心已经实现。父亲去世后，我感觉整个人都像被抽空了，突然失去了前进的动力，不知道接下来的路要怎么走。当初自己是为了陪伴父亲才选择回乡创业，现在父亲去世了，是要重回北京工

刘阿娟在果园里查看苹果长势

作，还是继续留在老家？

当时正值苹果销售旺季，不少果农来找我，希望再帮助卖卖。与此同时，之前卖出去的苹果，也收到了消费者的积极反馈。

我内心的天平开始向苹果倾斜，最终决定将对父亲的爱化成乡恋，把卖苹果这件事继续干下去，不辜负果农和客户的期待。我下定决心：不仅要把父亲最喜欢的事业继承下去，还要做大做强，帮助更多的乡亲们创业增收，相信这也是父亲最愿意看到的。

2018 年，销售稳定了，我想自己留点土地，开始种苹果，把货源稳定下来。

我通过朋友介绍来到陕西省凤县平木镇九顷塬村，流转了 700 多亩地。这个地方生态完整，平均海拔近 2000 米，日照充足，昼夜温差大。我打算在这里种苹果，并吸纳更多贫困群众带资入股，帮助村里更多的人脱贫致富，让"爸爸的苹果"温暖社会。

紧接着，我让人专门从青海拉回了 5000 多吨羊粪，到 2019 年 4

刘阿娟与"爸爸的苹果"

月，一共种下了9万多棵苹果树。种完之后，我一个人到父亲坟前去了一趟，哭了半小时。我觉得自己完成了一个交接，对父亲的牵挂终于放下了，自己可以像个大人一样去面对这个世界了。

9万多棵苹果树是我种下的，也是我在心里替父亲种下的，苹果树上挂着的，是我对父亲的思念、对未来的期冀。这9万多棵苹果树，即将在2023年进入盛果期。

现在，我也在谋划更大的梦想，计划发展苹果蜜、苹果干等衍生产品，形成从果树栽植到果品生产销售的全产业链。可能我把对爸爸的爱，已经上升为对这片土地的热爱，希望通过这一颗颗苹果，带动整片产业的发展，让农民获得尊严、获得自信。

历经七载，我才明白，家乡才是我的星辰大海，我也终于在自己的家乡安身立命。正如横渠四句所言："为天地立心，为生民立命，为往圣继绝学，为万世开太平。"读书不是为了摆脱贫困的家乡，而是应该让家乡摆脱贫困。

访谈手记：刘阿娟带领果农进行技术革新，生产优质的苹果，通过线下、线上、商超销售网络平台直接供应中高端市场，发展会员经济，不仅开拓了一批高端客户，受到了市场的良好评价，还引起了广泛积极的社会效应。"爸爸的苹果"，寄托的是对父亲的眷恋、对家乡的担当、对未来的憧憬。

杨得龙：退役创业守初心，带动致富葆本色

人物简介：杨得龙，1987年出生于青海省西宁市大通回族土族自治县黄家寨镇黄西村，曾投身军营，退役后选择回乡创业。他创建青海海鼎集团有限公司，致力于危险废弃物处置行业；成立青海

景鼎物业管理有限公司，整治改善黄家寨镇公共区域环境卫生。他现任黄家寨镇黄西村党支部书记、村主任，长期投身解决村民就业难问题，帮助贫困村民致富脱贫。先后荣获第十一届"全国农村青年致富带头人"、"西宁市青年创新创业人才""青海省乡村道德好青年""青海省退役自主就业创业模范个人""全省党员干部结对帮扶先进个人"等荣誉称号。

创业心语：吃水不忘挖井人，我前行的每一步都离不开养育我的这片土地，不论何时何地，对于这片土地和土地上的人，我都会常怀感恩之情。大通是我的家乡，作为土生土长的大通人，为家乡作出一些贡献是理所应当的。

引语

有一个地方，那里有闻名遐迩的可可西里，有穿越时空的唐蕃古道，有气势恢宏的昆仑山脉，还有耀眼夺目的青海湖，更有滋养万物的三江之源……她，就是大美青海。

如今，除了瑰丽秀奇的自然景观，整洁宜人的靓丽新村已经成为青海的又一张"名片"。一条条干净的街道、一排排整齐的房屋，炊烟袅袅，鸡鸣声声，引得游人纷至沓来。

绿水青山就是金山银山，青海环境转变的背后，离不开国家政策的有力支撑，更离不开每一个青海人的不懈努力。

走进青海大通回族土族自治县，黄家寨镇黄西村村民杨得龙始终坚持绿色发展理念，自主创业，选择危险废弃物处置为主营产业，为青海省危废的"再利用、无害化、减量化"发展和生态环境保护工作作出了贡献。

如今的大通县正像回族花儿《文明花开遍大通县》里唱的那样，"高原的仙境美如画，阵势大，松柏柳挺立在陡崖……新农村建设换新颜，好干散，尕庄廓活像是花园"。

自主创业 投身环保事业

问：返乡投身环保领域创业，听起来像是一件新鲜事，可否向我们讲一讲您的创业故事？

杨得龙：初中毕业后，父亲为了锻炼我，让我参军，接受军事文化的熏陶。两年的军队生涯不仅锻炼了我的耐力，更磨炼了我的意志。

为家乡建设贡献一份自己的力量，为父老乡亲谋利益，这是我一直以来的乡愁。"外面都在不停地发展变化，我的家乡为啥就不能变得更好？"从军的经历让我看到了外面世界的变化，同时也坚定了我回乡带领家乡人民发家致富的想法。

当兵时的杨得龙

2007 年 12 月复员以后，我先后在砂石场搬过石头、当过采购员，但自己一直秉着"在其位、谋其职"的思想，在一线搬石头的时候，就把石头搬好；采购的时候，就坚持把采购的工作做好。

因为我们家族一直以经商为主，家里的沙厂和养殖场都是父亲一手创办的，我成长过程中耳濡目染，接受这方面的熏陶，所以从小就有一个创业的梦想。但后来发生变故，所有的重担都落在了 20 岁出头的我的肩上。

刚开始，我对企业的管理比较生疏，企业重组、商业管理……一切都得从头学起，但是我咬牙坚持、决不放弃，最终重新锁定目标，决心投身环保产业，重振家族企业。

2016 年 6 月，我创建了青海海鼎集团有限公司，创立这个环保产业的初衷一方面是为了公司盈利，另一方面是看到全省乃至全国越来越重视环境保护工作，而危险废弃物行业当时在青海还是一个空白。废弃物处置难、储存难……在这其中，我看到了危险废弃物产业的市场和发展前景。

我们公司主要从事危险废弃物回收、利用、处置，解决青海省全域内电解铝厂的危险废物和废机油、废电瓶的收集问题。对青海省的工厂企业来说，节约了资源、降低了环保风险，也提高了生产保障。

近年来，在我的经营下，企业发展迅速。2016 年至今，共回收电解铝行业的各类危险废物约 10 万余吨，再生利用 4.35 万吨，切实做到了为政府分忧解难，实现了经济利益、社会效益和生态效益的有机统一，海鼎集团也逐渐成为青海省危废处置行业的中流砥柱。

在企业发展的过程中，回绿的青山、返清的碧水、厚重的文化，一点一滴唤醒了海鼎集团员工对大自然的热爱。

在中国共产党成立 100 周年之际，为了践行习近平总书记"绿水青山就是金山银山"的理念，我主动承担起新时代赋予的历史责任，多次带领广大党员干部职工开展"学习党的历史·践行生态保护"义务植树主题党日活动。

青海海鼎集团有限公司植树主题党日活动

在黄家寨镇黄西村大狼沟肚坡的荒山上，海鼎集团职工扶树、培土、压实、浇水……配合默契，尽管大家脚上都沾满了泥土，但仍热情不减、干劲十足，掀起了植树造林的高潮。在大家的共同努力下，一棵棵树苗开始了新的生命。

参加植树的党员干部职工纷纷表示："能够亲手种下一棵棵树苗，履行植树义务，贡献青春力量，为防护造林出一份力、尽一份心，再苦再累都值得。"

《礼记》记载："孟春之月，盛德在木"。把春天植树造林看作最大的道德行为，那么造林就是造福，栽树就是栽责任心，植树是功在当代、利在千秋的好事。我们种下的希望之树，为家园增添一抹绿色，来日必将为建设绿色大通、活力大通、魅力大通绽放一片花海。

捐资助学 培育祖国希望

问：我们了解到，您在创业过程中对青年成长作过不少帮扶，能和我们分享一下吗？

杨得龙：产业在发展壮大，但我没有忘记自己的社会责任。习近平总书记讲过，"青年兴则国家兴，青年强则国家强。青年一代有理想、有本领、有担当，国家就有前途，民族就有希望"。所以我一直想要为农村的青年们做些什么。

第一方面是农村创业青年。我在创业路上交了不少"学费"，知道创业的艰难，很多有创业想法的青年人缺少启动资金，也有不少在创业初期饱受资金问题困扰的经营者，我对他们遭遇的困难感同身受。

在我的努力推动下，2017年5月4日，由团大通回族土族自治县县委牵头，海鼎集团出资，大通农商银行承办的"鼎力助青贷"小额担保贷款项目启动，不需要担保、抵押，在基准利率的基础上还下浮一个点，专为农村创业青年提供贷款。

起初社会上很多人都不理解，认为我是在浪费钱，但我下定决心要做的事就一定要做下去。

近年来，"鼎力助青贷"发放了100余笔农村青年创业贷款，金额达2700万元，为许多创业路上的农村青年插上了梦想的翅膀。为了鼓励家乡外出务工青年回乡创业就业，我在集团成立了"青年就业创业见习基地"，累计解决了300余名青年的就业问题、35名青年的自主创业问题。

第二方面是农村贫困学生。2013 年的一个傍晚，当我正准备和朋友们从农家乐回去，看到两个小女孩正在吃客人的残羹剩饭，两个孩子身体瘦削，脚趾捅破了布鞋，此情此景，让我心里很不是滋味。

向农家乐老板打听以后，我得知她俩是附近村子的人，父母车祸去世后和叔叔住在一起，经常在农家乐里吃剩饭。于是我立马带着两个女孩找到了家人，表示愿意承担两个孩子的生活费，希望她们能过上跟同龄人一样快乐的生活。

这次经历对我触动很大，也促使我再一次思考作为一个企业家应该承担的社会责任。

藏族女孩藏娜是我资助的大学生之一。四年前，藏娜的老师找到了作为"大通二中名誉班主任"的我，得知家庭贫困的藏娜考上了青海大学，家里却无力支付费用后，为了不使这位品学兼优的女生失学，我决定资助藏娜整个大学期间的费用。

从那以后，每逢节假日，藏娜都会带着一些土豆、馍馍来看望我，即便来不了也会打电话问候。虽然都是很简单的问候，但我真正感觉到爱心得到了回报，也促使我在捐资助学上更加用心。

为了帮助更多像藏娜一样的孩子，2017 年 4 月，我成立了"杨得龙基金会"，专门为家庭贫困、品学兼优学子的学习生活提供帮助。

致富思源 助力乡村振兴

问：我们了解到，您当选为大通县黄家寨镇黄西村村委会主任和村党支部书记后，广受村民们的欢迎，请问您在职期间都做了哪些工作，得到了群众的肯定和爱戴？

杨得龙：2012 年，我当选为大通县黄家寨镇黄西村村委会主任，其间我自掏腰包，为村民修建活动广场，硬化村内水泥路，种植绿植美化黄西村环境，走访慰问贫困户，每年为黄西村广大妇女举办庆祝"三八妇女节"活动，每逢"老年节"为黄西村、平乐村两村所有老人送去节日礼物，表达关怀，数年来累计捐款捐物已达 1000 余万元。

近年来，我觉得自己成熟了，伴随我变化的还有所在的黄西村：泥泞不平的土路不见了，一条条硬化路通向农户家门口；一盏盏明亮的路灯，照亮了村民的幸福生活。

杨得龙团队为黄家寨镇黄西村修沥青路

我的付出也得到了父老乡亲们的认可，2017 年 12 月，我以全票当选为村党支部书记，透过一张张选票，我感觉到了全村党员群众对我的信任、支持和肯定，这也给了我走下去的动力。

想群众之所想，急群众之所急，如何帮助黄西村贫困户解决实际困难是我一直以来的心结。

我带领"两委"班子为贫困户建立个人及家庭档案，对贫困户实施"规划到户、措施到户、责任到人"精准帮扶。

2017 年 6 月，根据省、市、县关于产业发展资金文件要求，切实用好扶贫发展资金，保证贫困户收益，根据当地实际和贫困户意愿，我与黄家寨镇 13 村 246 户 913 人签订扶贫资金投资协议，对每户给予年度利润分红，分红率为 8%，截至目前已发放红利 150 余万元。

此外，我不断创新扶贫开发思路，充分发挥公司的创收优势，为贫困户提供脱贫致富的平台，采取仔猪育肥、大棚种植等方式，使黄西村人均收入由原来的 6000 元增长到现如今的 12000 元，使精准扶贫户达到了脱贫标准。

如今，黄西村村民的生活条件改善了，村民脱贫致富的能力提高了，村民脱贫致富的步伐加快了，大家都夸"全靠遇到了一个好支书！"但是我还是那句话，"在其位，谋其职"，把自己本职工作干好的同时努力为社会作更多的贡献。

吃水不忘挖井人，我前行的每一步都离不开养育我的这片土地，不论何时何地，对于这片土地和土地上的人，我都会常怀感恩之情。

访谈手记：无论是环保企业、养殖社还是助青贷，杨得龙一直在踏踏实实地做事。作为企业领导，争取创造更多岗位；作为村主任，最大限度地致富扶贫；作为社会公民，尽自己的能力帮助他人，彰显了时代青年的社会责任和感人担当。在乡亲们的心中，他是带领群众脱贫致富的领头雁，更是心系群众冷暖的知心人。正是这一点一滴的付出、一次次的悉心关怀，让他赢得了全村人的尊敬。

第八章 打开乡土文化之门

齐晓景：扎根家乡沃土，书写青春底色

人物简介：齐晓景，1984 年出生于内蒙古自治区兴安盟科尔沁右翼前旗。她从创业者、人才孵化中心负责人、驻村干部等多重身份中，找到创业和扶贫工作的有效结合点，创办合作社，带领当地老百姓一同走向富裕。入选第十一届"全国农村青年致富带头人"，获评"最美基层高校毕业生"，被授予"全国三八红旗手""全国脱贫攻坚先进个人"等荣誉。

创业心语：在美丽的科尔沁，我和其他创业青年朋友一道，立足于本地的资源，发掘、打造属于科尔沁的致富道路。无论前面的路如何坎坷，我要坚强地走下去，只为那些期待的眼神！在实现自我价值的同时，也为科右前旗群众的致富小康梦而努力奋斗！

引语

广袤无垠八万里，雄浑壮丽与天齐。在蒙古语中，科尔沁的意思是"造弓箭者"。科尔沁位于大兴安岭南麓，地形复杂，山高陡峭。因久困于穷，科右前旗被整体列入大兴安岭南麓集中连片特困地区，脱贫攻坚、高质量发展任务十分艰巨。

据史料记载，成吉思汗称帝后，把蒙古国的全部土地和属民作

为份子分给诸弟和功臣，哈撒尔分得今额尔古纳河、海拉尔河流域呼伦贝尔大草原、外兴安岭一带的广袤土地。"科尔沁"由军事机构的名称逐渐演变成哈撒尔后裔所属各部的泛称，形成了著名的科尔沁部。

大清帝王乾隆曾三次巡幸科尔沁草原，也曾作诗歌颂。由此科尔沁也被世人瞩目，享有"草原明珠"科尔沁的美誉。

五月正是科尔沁最美的季节，蓝天白云衬着青青草原，与远处的巍巍高山相得益彰。接连两日的阴雨天气让科右前旗科尔沁镇的夏天来得迟了一些，却让村民们迎来了种植豆角的"黄金"时期。

此刻，科右前旗科尔沁镇乡土人才孵化中心主任齐晓景难掩欣喜。"从去年开始，齐主任的'送订单进庭院'模式让种植户都挣到钱了。听说齐主任又带着项目来了，40户村民早早地来我家报名。"科尔沁镇乡土人才孵化中心成员、湖南村扶贫专干白玉红说。

在她心里，齐晓景一直是她努力学习的榜样。"看到她在农村创业成功后带领大家共同致富，让我们有了动力和信心，她的经历让我们少走了很多弯路。"

让老百姓种养的东西卖上价，能走进大超市，一直是齐晓景努力的方向。回首这几年的创业路，她感觉过得很充实。

毕业返乡促发展，沃土扎根育希望

问：我们了解到在带领群众脱贫致富方面，您作了诸多贡献，是什么促使您下决心返乡创业，能简要介绍一下吗？

齐晓景：当时的我还是个念不起大学的穷丫头，在我的记忆里，家里特别清贫，每个学期放假，都要跟邻居、亲戚、老师凑生活费，大多数时候学校还没放假，兜里就没钱了。

幼年时我虽瘦弱，但体育成绩特好，在很多跑步比赛中都能拿冠军。也是凭借着体育特长，我被破格选拔到科右前旗读书，后又成功考上内蒙古科技大学，成为村里第一个考出去的大学生。

四年的求学生活很快度过，毕业后我在城市里工作了一年。本打算留在大城市闯一闯，但是我一心惦记家里。抱着带领家乡脱贫致富的梦想，又恰巧听闻科右前旗招考大学生村官，这样的机缘巧合下，我考上了村官，被分配到科右前旗科尔沁镇平安村。当时我的举动不仅让乡亲们诧异，还让父亲失望，临走时都没与我和解。

村民和父亲的不理解，源于那代人对农村艰辛、贫穷生活的惧怕。但离开不是根本的出路，唯有战胜才是归途！

后来我在一次旗政府组织的村官外出考察学习中，第一次见到外地现代农业大棚的蓬勃发展。为了说服乡亲们一起养殖致富，我决定自己先投入创业。

2013 年村官服务期满后，我选在离市里较近的平安村种大棚，当时手里只有 2000 多元钱。好在当时旗就业局正在发放扶持大学生

齐晓景（左一）在大棚里铺设滴灌管

创业的小额贷款，我申请了 3 万元，租了 2 座大棚种起了平菇。

第二年，我与另外 4 位服务期满的大学生村官联合成立了"科右前旗展翼种植专业合作社"。"展翼"二字寓意着大学生经过村官的历练、创业的磨炼和市场的锤炼，要展开渐丰的羽翼，在农村的广阔天地翱翔。

2017 年以来，创办"赠鸡还蛋""赠鸡还鸡""赠猪还肉"三种扶贫模式，合作社与贫困户累计签约达 379 家，户均增收 1300—2000 元。

随后，旗政府成立了科尔沁镇乡土人才孵化中心，我有幸担任主任，在全镇设置了 3 个孵化中心培训基地，在孵人才 52 名。

孵化中心现在正利用现代化的数字手段为成员搭建学习、创业平台，为更多的年轻人提供创新创业新平台。

功夫不负有心人，"齐"心协力渡难关

问： 经过艰苦奋斗，科右前旗已实现绝对贫困"清零"目标。在创业扶贫的过程中，您都遇到过哪些困难，在这其中，有没有一些难忘的经历和大家分享呢？

齐晓景： 万事都不是一帆风顺的，创业也同样如此。2013 年，为了能在大棚栽培食用菌，我向村民们借来 1 万多元。

但理想很丰满，现实却很骨感。由于没有掌握大棚种植技巧，蘑菇全部坏死在了棚子里，村民的希望就像一个个蘑菇一样全都破灭了。

当我再次伸手借钱时却连吃闭门羹，甚至有人在背后讥笑我不自量力。我只能咬着牙坚持，但我就是不服输。我连续吃方便面、一年不下一次馆子、一年不买一件新衣服，全心投入在创业上。

可能是幸运女神眷顾吧，在一位友人的资金支持下，我开始了

第二次大棚种植蘑菇。有了第一次的教训，这次蘑菇种植大获全胜，挣了 4 万多块钱。不仅还清了欠款，还可以继续扩大种植规模。

我每次回想起这段经历，总会提醒我身边正在创业的年轻人：创业路上不会一帆风顺，坚持下去就有好结果！此外，项目定位很重要，一定要顺应天时、地利、人和。

创业应是多赢的过程，不能只顾自己挣钱，也要考虑让别人挣上钱。政府的好政策和优惠补贴有利于孵化好的创业项目，至于最终成不成功，还是要靠创业者自力更生和艰苦奋斗。

以点带面共发展，开启乡村新篇章

问：对于接下来的事业发展，您有哪些考虑呢？

齐晓景：从我们创办"科右前旗展翼种植专业合作社"以来，我们现已拥有 700 平方米的冷库和保鲜库、冷棚 45 栋、暖棚 37 栋、合作社成员发展到 31 人、产品基地 12 个、年收入突破 300 万元，现在整体发展前景还是很光明的。

最近我正在打造的"开心农场"项目，不仅改变了镇里的种植结构，还带动了乡村旅游发展。距市区只有 20 多公里的平安村，成了近郊采摘游的首选之地。

在采摘园的基础上，我们还扩展了黏豆包制作、拔白菜比赛、漫展火锅、认领土地等方式，丰富游客采摘体验，进而产生用户黏性。

过去，我们平安村大多数农户都种植黄瓜、西红柿、玉米等传统品种，这种农业生产状况持续了很多年。想要实现乡村振兴，依靠青年力量极为重要。最重要的是要改变村民的观念和种植思路，同时也要破解村里乃至镇里选品难、销路难、技术难等各种问题。

后来我带领村民们把平菇大棚改成草莓采摘园，做观光农业、体验农业。"展翼"草莓采摘园慢慢出了名，成功带动了周边农户的发展，一时间，平安村成了新的旅游休闲胜地。

2014年，我成立了"科右前旗展翼电子商务服务站"，构建自有的物流配送体系，开始了以同城配送为主、外地销售为辅的电商营销模式。

齐晓景（左三）组织合作社实施"送订单进庭院"模式

为充分激发乡土人才创新创造活力，科尔沁镇设置3个"乡土人才孵化中心"培训基地，并开发乡土人才"3353"智能孵化中心小程序，凝聚分散在各村的青年力量。2020年，孵化中心已有8名成员入党，3名成员进了村"两委"班子。

未来将有更多有志青年扎根美丽的科尔沁，为实现自我价值及带领群众增收致富一道努力奋斗！

访谈手记：作为驻村干部、内蒙古自治区兴安盟科右前旗展翼合作社创始人、科尔沁镇乡土人才孵化中心主任的齐晓景，通过创办合作社，完善利益联结机制，带领当地老百姓共同走向富裕。她扎根家乡沃土，书写了青春底色，让自己展开渐丰的羽翼，在农村的广阔天地翱翔！

吴照京：返乡青年与沂蒙小棉袄

人物简介：吴照京，1979 年 12 月出生于山东省临沂市沂水县杨庄镇吴家楼子村，先后在临沂金锣肉制品有限公司等单位务工，最终选择回乡创业。他是"沂蒙小棉袄"项目发起人、省级非物质文化遗产传承人，入选"国家级 2020 年度'乡村文化和旅游能人'"、获评山东省乡村"好青年"等荣誉。

创业心语：我就做两件小棉袄，一件暖人身，一件暖人心。作为新时代青年，更作为一个返乡创业青年，我不仅要在经济上扶贫，还要在文化上扶贫，更要在精神上扶贫。让村里的老人们过上老有所为、老有所乐的晚年生活。

引语

提起沂蒙山，人们的第一印象是革命老区。在战火纷飞的革命战争年代，沂蒙儿女"最后一碗米送去做军粮，最后一尺布送去做军装，最后一个亲骨肉送去上战场"。他们穿着母亲、妻子缝制的棉袄，推着小推车，为革命胜利作出了不可磨灭的贡献。沂蒙小棉袄，也因此成为沂蒙人记忆深处的乡愁载体。

近年来，随着生活水平的提高，沂蒙老区群众有了更多的服饰选择，穿棉袄的人越来越少。但小棉袄作为沂蒙山区一种传统的民俗手工文化，承载着母性母爱的光辉和乡音乡情的记忆，是一个暖心的记忆符号。

尽管沂蒙小棉袄的传承和传播面临困境，山东省临沂市沂水县杨庄镇吴家楼子村的返乡青年吴照京却从中发现了机会，做起了"棉袄梦"。

经过数年坚持，他将沂蒙小棉袄制作技艺这一省级非遗项目传承了下来，吴照京的"棉袄梦"也照进了现实。

沂蒙小棉袄不仅传承了一份民俗手工文化，还衍生了一个产业，带动村周边七八十岁的老人就业增收，实现了他们老有所为、老有所乐的梦想，沂蒙小棉袄也成为当地村民增收致富的特色产业。

浓浓乡土情　返乡创业敢做"梦"

问：近年来，全国上下出现了返乡创业的新热潮，您当时回乡创业的动力是什么，可以讲讲吗？

吴照京：2002 年高中毕业之后，我和大多数农村青年一样，怀揣着对未来的向往，背井离乡、进城务工。

由于从村子里走出来的我并未受过太多的文化教育，为了维持生计，辗转到临沂金锣肉制品有限公司，先后负责纸箱、服装分厂车间工作。

干一行就要爱一行，由于吃苦耐劳、任劳任怨的工作作风，出身农村的我很快获得了同事和领导的认可，先后担任集团分厂团支部书记、厂长助理等职，曾连续 5 年被集团评为优秀员工。

虽说工作越干越红火，但我心里一直有个疙瘩。在城市，每年都有高楼平地而起，周围人的生活也越来越好。然而每当我回到老家，却只能眼睁睁看着那个寄托着我乡愁的地方日渐萧条。

每当看到年迈的婶子大娘还在为填饱一家人肚子而操劳，看到村里的青年人越来越少、留守儿童越来越多，看到路边杂草丛生、屋舍简陋，我心里有一种说不出的滋味。

吴照京（左一）介绍沂蒙当地手工民俗文化制品

我能做点什么？我一遍遍地问自己。工作之余，我经常到临沂批发市场了解市场信息。通过市场调研，我发现在现下这个崇尚纯手工的时代，沂蒙山区的特产手工棉袄市场潜力巨大，很受消费者的欢迎。

首先，这种棉袄纯手工制作，健康、保暖效果好；不仅如此，它还承载着很多人儿时的记忆。凭借在城市工作的经验，我愈发觉得这种传统手艺今后一定大有市场。当城市人开始追求个性化服饰的时候，小棉袄的机会就来了。

经过长时间思想斗争，2013年，我做通家人的思想工作，放弃了在临沂稳定的工作和舒适的生活，回到老家沂水县杨庄镇吴家楼子村，开启沂蒙小棉袄的创业新征程。

拳拳赤子心 回报家乡勇追梦

问：您当时毅然决然选择回乡创业，传承沂蒙小棉袄，在创业过程中遇到过哪些困难呢？您又是如何克服这些困难的呢？

吴照京：回乡、建厂、买设备……创业初期算得上顺风顺水。在人工上，我仔细考虑过：吴家楼子青年人很少，留守老人却很多，但这些上了岁数的老人大多有一手缝制沂蒙小棉袄的手艺。让他们来工厂上班，既可以消磨闲暇时光，还能贴补家用。

当地的老奶奶们正在手工缝制小棉袄

来到这些老人的家，我几乎没怎么费嘴皮子，工厂就有了足够的"工人"。2013年底，一家集设计、生产、销售为一体的纯手工儿童和中老年棉花袄生产基地——吴家楼子沂蒙小棉袄加工厂运转起来了。

但众所周知，创业之路总不会一帆风顺。很多人听说我正在创办小棉袄加工厂，都觉得我"疯了"。"小棉袄？加工厂？他自己还穿小棉袄不？""年轻人谁还穿这个？照京这是犯迷糊了。"……

没多久，小棉袄加工厂由于订单不足，陷入了资金周转不灵的窘境。2014年底，工厂的资金已经无法承担老人们的工资。没想到的是，加工厂里的婶子大娘察觉到了我的为难，纷纷表示："俺多这一千块钱也能过，少这一千块钱也能行。钱你别犯愁，先聚大事花，工钱你啥时有啥时给……"

朴实的一席话让我的心中久久不能平静，面对一张张写满沧桑但满含关爱的笑脸，我坚定了信心，立誓一定要尽己所能、回报乡邻。

根据市场调研的情况，我认为需要将手工制作棉袄的传统工艺重新挖掘出来，将民俗元素与时尚元素相结合，这样不仅能够继承非物质文化遗产，还能让传统民俗产品走出沂蒙山区，符合现代人的审美需求。

为了更好地保证原汁原味的沂蒙小棉袄风格，在填充物的选择上，我选择了沂蒙山标准的山地棉花。棉花以其独特的保暖性和舒适性，千百年来成为国人一种主要防寒衣物填充物，虽然近年来出现的保暖衣物越来越多，但棉花袄以其独有的魅力和无可替代的天然、舒适保暖性在市场中仍占据一席之地。

经历了前期的种种挫折，我也深度反思、总结教训，开始重点抓宣传。为了让更多人了解沂蒙小棉袄，我积极利用直播平台，对老人缝制棉袄的过程进行直播，在网络平台引起了不小反响。

为了贴合现代消费者的审美和喜好，扩建加工厂的展厅，并邀请专业团队设计新棉袄，使样式更贴合现代审美。但不管怎样改变，我坚持有一点不能改变：必须用手工缝制棉袄，保持棉花和布料的高质量。

有句老话说得好："机会总是会留给有准备的人。"经过前期的挫折和准备，接下来好消息接踵而至。

当地党委政府和团组织了解我回乡创业、开办沂蒙小棉袄工厂的情况后，纷纷伸出援手，在县城里为我免费提供了固定展厅。团沂水县委联合山东沂水农村商业银行推出了"贷动青春——青年创业贷"贷款项目，帮助我解决了创业资金不足的难题。

所有的辛苦都没有白费，在各方努力下，我和我的沂蒙小棉袄重新焕发生机。全国各地的订单源源不断，加工厂的用工量也不断增加。如今，吴家楼子及周边村庄在加工厂工作的老人有将近50人，小棉袄加工厂越做越大。

暖了众人心 实现乡亲幸福梦

问：曾经"四塞之固，舟车不通"的沂蒙山区，既是闻名遐迩的革命老区，也是山东脱贫攻坚的"主战场"。我们了解到，您在创业过程中一直致力于带动村民们脱贫致富，助力乡村振兴，请介绍一下您的独到经验吧。

吴照京：临沂是全国著名的革命老区，也是山东人口最多、面积最大的地级市。截至2015年底，全市还有贫困村568个，建档立卡贫困人口44.2万人，贫困村和贫困人口数量均占全省的1/6，是山东脱贫攻坚重点区域。

"常怀敬老之情、善谋助老之策、多做为老之事、恪守爱老之责"是我一直践行的诺言。厂子里的员工大都招募村子里的空巢老人、困难户、低保户，实行计件工资制度。

在吴家楼子及周边村的老人看来，如今的沂蒙小棉袄加工厂与其说是家企业，不如说是个"文化乐园"。老人们在这里做些手工活儿，不仅不累，一天还有几十元的收入。更关键的是，老人们边聊天边缝棉袄，少了寂寞、多了热闹。

我喜欢用"我的团队"来称呼加工厂里的婶子大娘，因为有了她们，这个厂子才会越办越好，家乡才能越来越振兴，她们是我创业梦想的"合伙人"。

近几年间，我也一直坚持竭尽所能，做力所能及之事。2016 年初，为了助力家乡发展，我联合一些身在外地的本村年轻人，建立了一个微信公益群。在群里，我提议大家用发红包的方式，助力家乡发展。

倡议一经发出，很快，北京的、上海的、南京的、济南的……尽管远离家乡，但在微信群里看到这条倡议，远方的游子们把一个个红包从全国各地发了过来，十多天的时间，群成员增加到了 122 人，红包资金也累计到了 28848.92 元。

微信公益群建起来后，我和村里的年轻人作了分工，共同管理微信公益金。有了钱后，第一件事就是丰富村民的文化生活，这个提议也得到了大家的一致赞同。

春节过后，我花了 2000 元为村里购买了 20 套广场舞的服装和行头，从县里请来了专业老师，对村民进行了一周多的培训。正月十六，这支由村里妇女组成的广场舞队伍便在村里来了一次"首秀"。看着这热闹的场面，村民们高兴之余也经常对我直竖大拇指。

考虑到村里没有路灯，我决定把剩余的钱用到完善村里照明设施上。说干就干，通过村里的大喇叭一吆喝，很多村民便扛着铁锹来了，大家齐心协力挖好了太阳能路灯灯杆的深坑，不到两天，24 盏太阳能路灯便竖立了起来。从此，这个小山村的夜晚迎来了光明。

杨庄镇吴楼子村贫困户、82 岁的吴世明大爷，老伴长年卧病在床，全家仅靠一亩六分地的菜园支撑生活开销。我看在眼里、急在心里，我用微信转发宣传，将大爷的 1600 多斤土豆销售一空。

大爷每次见我都高兴得合不拢嘴，逢人便夸："靠我自己得卖一个多月，这不到一个星期就用手机卖完了，多亏了这个小伙子！"

针对留守儿童无人看管问题，我联系了爱心人士，配置桌椅、书本，义务开办了"山里的国学班"，并亲自设计、裁制国学服装，邀请附近学校的教师免费教授国学知识，为村里孩子的教育奉献力量，希望能为他们德行高尚的一生奠定基础，让更多青少年理解并传承优秀的乡间民俗。

吴照京义务开办的"山里的国学班"

在创业的过程中，我实现了从农民工到乡村振兴助力者的转变，也在用行动传承民族手工艺的同时，助力了本地民俗文化产业的发展，沂蒙小棉袄于 2020 年被评为省级非物质文化遗产。

这样一份荣誉来之不易，我时刻叮嘱自己，要继续认真履职尽责，为家乡发展贡献自己的一份力量，让家乡的人民过上幸福美好的生活，也用"沂蒙小棉袄"向国内外人民传递中华儿女的孝心。

访谈手记：吴照京是农民工返乡创业的典型代表，也是维护乡土情怀和传统民族工艺的践行者。对于吴照京和吴家楼子村的村民来说，这一件件小棉袄，不仅能帮助他们抵御严寒，更能带领他们脱贫致富。他常用"我的团队"来称呼加工厂内的婶子大娘，一个看似时髦的称呼，体现的不仅是一份担当，更是一种情怀。

朱晓保：情怀酿造美酒，时间沉淀醇香

人物简介：朱晓保，1979年6月出生于海南省白沙黎族自治县邦溪镇南牙村。2013年返乡创业，发展海南黎家原生态山兰糯米酒"黎兰记"。作为白沙邦溪黎家山兰酒坊厂长，他采用黎族传统方法制酒，吸收村里的贫困户就业增收。2019年被评为海南省第七届诚实守信道德模范。

创业心语：我致力于打造一个以山兰糯米酒文化为主题的农家乐，帮助村里的贫困户实现脱贫致富。这是我们海南人的机遇，也是山兰酒酿制技术再次升华的机遇！我们定然不辱使命，努力把山兰酒产业和美丽乡村建设、国际旅游岛建设、海南自由贸易港建设进行有机结合，让山兰魅力绽放得更加灿烂！

引语

最美不过黎家三月三，最甜不过黎家糯米酒。

在风景如画、四季如春的海南岛，生活着一个特殊的民族——

黎族，它是聚居海南岛的先民。黎家山兰米酒素有"琼浆玉液"美誉，诱得天下人为之垂涎。

然而，作为海南传统上招待贵宾的招待酒，山兰酒却因为技术工艺、制作成本、材料稀缺等条件的限制，逐渐淡出了海南人的生活，也因此无法得到很好的继承和推广。如何传承山兰酒的技艺？如何创新发展酒文化？这成为朱晓保牵挂的时代命题。

朱晓保一家是酿酒世家，酿酒技艺得以代代传承，除了家传制曲技艺的不断完善，更得益于朱家历代继承人能够扬长避短，对山兰酿酒技艺不断融合。

山兰酒酿酒技艺，由曾祖奶奶传承给了朱晓保的奶奶叶亚苗。叶亚苗在酿酒技艺上，尤其擅长吸收别家所长。在叶亚苗的悉心教导下，朱晓保的母亲洪金兰很快就继承了朱家的山兰酒酿酒技艺，同时也把洪家的酿酒技艺融入朱家酿酒技艺之中，使得朱家山兰酒酿酒水平到达了一个阶段性顶峰。

作为继承朱家山兰酒酿酒技艺的传承人，朱晓保愿意从外面的世界回来继承发展朱家的酿酒技艺，通过自己的技艺和不断尝试，让更多人领略独特的饮食文化魅力。

毕业返乡酿美酒，扎根琼州育希望

问：据闻山兰酒一直是海南传统上招待贵宾的招待酒，但因为技术工艺、制作成本、材料稀缺等条件的限制，逐渐淡出了海南人的生活，掌握这一技艺的人数不足千人，特别是年轻人。能说说自己当初为什么选择去传承这门传统技艺吗？

朱晓保：其实回乡传承技艺也有一个过程。大学毕业后，我并没有选择回乡，而是选择在外打拼、奋斗。当时，我跟所有的打工仔一样，梦想着在大城市里干一番事业。于是，带着雄心壮志，背上行囊，我踏上了前往广东省的打工之路。

从远走广州打工到回乡创业，从流浪歌手到成立自己的乐队，一路走来，一路拼搏。由于从小就有要发扬传承黎族传统文化的梦想，最终我还是选择了创业路，从文化传媒走到了山兰酿制。

2013年，我决定返乡创业，但创业更是一路坎坷，我屡战屡败，但屡败屡战，不断尝试着各种行业。忽然发现，即便是海南当地人，也很难再喝到地道的山兰酒了。

曾经的"海南茅台"、海南传统贵宾招待酒，曾经"一家开缸、满村飘香"的情景再也难以见到。

在一次家族聚餐时，家族的老人拿出了一坛亲手酿造并窖藏多时的山兰糯米酒，大家品尝后赞不绝口。这坛米酒无论是选材，还是"酒饼"制作以及后期发酵，都采用了最为原生态的黎族传统制作工艺，从而保证口感醇香，这更加坚定了我创业的决心。

朱晓保（左）查看自家酿制的山兰酒

我当即有了灵感："何不在家乡创办黎家特色酒坊，尝试规模化生产原生态山兰糯米酒呢？"

作为传承人的我，心情再也无法平复，毅然决定创建黎家山兰酒坊。既然要做，我就做最地道的山兰酒。所谓地道，必须100%以纯山兰糯米为料，必须是砖火为灶、柴火蒸煮、地缸发酵，缺一不可，以兑现自己返乡创业的"让更多的人能喝到地地道道的山兰酒"的承诺。

在我看来，白沙位于海南生态核心区，青松、南开等乡镇均种植有大面积的优质山兰稻，尤其是近年来白沙正在大力发展电商产业，自家的山兰酒能通过农村淘宝销往各地，创办酒坊酿造山兰米酒应是不错的选择。

辛苦酿酒传技艺，为谁辛苦为谁甜

问：相信将传统技艺推向规模化、市场化也不是那么容易做到的，可否讲一讲自己的创业历程。

朱晓保：我的创业之路充满艰辛。当时没有场地，我便就地取材，在自家庭院建立厂房。我变卖了自家汽车，拿出多年在外打拼的积蓄，凑齐了启动资金。我的家人看到我创业的决心，同时基于对山兰酒的特殊感情，一开始都很支持我的计划。

然而，好景不长，为了酿造出好酒，我坚持在酒窖存放一年再上市。如此下来，导致产业投入大、资金回笼周期长。2017年夏天，酒坊资金紧张问题愈发严重，银行贷款无法及时偿还。我只能重操旧业，和乐队一起出去演出，赚取的钱全部投入山兰酒产业中。

即便我再怎么努力，仍面临银行催债的难题。这时，身边开始响起质疑的声音，家人也劝我放弃山兰酒产业。我那时真的很难。可想到奶奶说的，山兰酒里藏着黎族文化，想着若能壮大山兰酒产业，可以帮当地村民解决山兰稻销路问题，我怎么能放弃？我只能咬牙坚持！

有一次，为了准确把握山兰酒的香度、甜度，防止酿制出来的酒酸涩，需要连续120个小时准确记录山兰酒入缸后发酵时的温度。我担心其他同事会在记录中忽略细节，于是亲自上阵，一开始我连续2天没有合眼，后来，实在困得不行了，就定好闹钟，每隔一个小时起来观察、记录数据。

前期因资金短缺，我们的酒只能散装销售，这限制了产品的销路。后来，我申请注册了"黎兰记"文字商标、"酒坛"图形商标。"黎兰记"经过精心包装，销售形式转变成电商销售、展销会销售等。

凭着这股执着和坚守，再搭载上多样化的销售平台，我们的山兰酒产业越做越大。2017年12月，酒坊第一批窖藏酒上市，并在海南冬交会上引起关注。在2018年的北京国际旅游博览会上，"黎兰记"产品受到来自韩国、法国消费者的关注和青睐。

如今，黎家山兰酒坊已经拥有"黎兰记"这个山兰酒品牌，除了在岛内受欢迎，还远销上海、广东、四川等省。越来越多的外国人开始通过"黎兰记"认识黎家山兰酒。

黎家传奇永流传，求同存异共发展

问：古法技艺的传承，年轻人是关键。只有当年轻人了解并热爱它，它才能不断蓄势，爆发出更强劲的生命力。能向我们介绍一下您是如何带领年轻人一起发展"黎兰记"的吗？

朱晓保：正如你所见，这坛酒是我祖上留下来的，我把它命名为"酒源"，多少钱都不卖，因为它是我做好"黎兰记"的源泉。我会一直坚持传统手工酿造山兰酒的方法！

目前来说，我们酒坊在成立不到四年时间里，取得了不小的成绩，也获得诸多荣誉。

现在我已经开始带徒弟了，但还不知道谁能真正传承它。不过，"黎兰记"已经承载了蝴蝶纹酒坛和山马纹酒坛的全部秘密，那就是诚信与勤奋，货真价实，精工细酿。

朱晓保（左二）展示自家酿制的山兰酒及其特色产品

如今，我们酒坊共有员工20人。除了有精通山兰酒酿制传统工艺的村里人，还有一些大学毕业生负责产品设计、销路。公司各岗位人员配备齐全，分工有序。

我每次为邦溪镇的青年人传授创业致富经验时，都会不断地说，外出打工最重要的是学习经验，把先进的东西学回来，为村里引入更多产业。

接下来，我要扩大生产规模，打造一个以山兰糯米酒文化为主题的农家乐，吸收村里的贫困户进来就业，帮助他们脱贫致富。我还想打造更丰富的品牌，乘着自贸港的东风，让更多的国内外游客品尝到正宗的黎家千年山兰味道。

访谈手记：作为黎族同胞，白沙邦溪黎家山兰酒坊厂长朱晓保，通过创办酒坊，吸收村里的贫困户就业，帮助他们实现脱贫致富。在机器统治的现代造酒江湖里，黎家山兰犹如一股清流，流淌着美好的黎家故事。相信乘着自贸港的东风，山兰魅力会绽放得更加灿烂！

杨雪梅：山花绚烂致富之路，田野诠释奋斗青春

人物简介：杨雪梅，1983 年 1 月出生于重庆市云阳县，毕业于重庆医科大学，毕业后成了一名医务工作者。2007 年，她告别大都市，回乡与父老乡亲一道做起了"菊花梦"，开启了扶贫路。她是"三峡阳菊"品牌创始人、云阳芸山农业开发有限公司董事长。2020年，她当选"全国劳动模范"。

创业心语：菊花从一棵苗、一朵花，再到一杯健康的饮品……在这个过程中，能吸引更多的年轻人返乡，加入我们的创业队伍。培养更多致富人才，为乡村振兴贡献力量，带领大家实现共同富裕，我的创业、我的人生才更有意义。

引语

"花开不并百花丛，独立疏篱趣未穷"。秋菊傲霜，本性耐寒，作为"花中四君子"之一的菊花素来便是文人墨客青睐的描绘对象。菊花的形象往往淡泊其中，凌霜自行，不作媚世之态。

然而，重庆云阳的高山上却生长着一株饱含人情的菊花。有一

朵"梅"花不惧风雪，不畏严寒，从火热的山城中来，与这朵菊花一齐盛开在云阳的高山上。这一次，她不再是"凌寒独自开"，菊与梅的暗香浮动在山间田野上，久久挥之不去。

"你在外面工作，见过大世面，有没有办法给大家找点事做，能让大家增收？"村干部的一句话坚定了杨雪梅的创业初心，伴随着她一路将三峡阳菊种在云阳，播向世界，把清香铺满村民的脱贫致富之路。

情怀开出高山的花

问：我们了解到您是重庆医科大学本科毕业，毕业后也顺利地成为一名医务工作者。能说说是怎样的机遇让您选择辞去大城市的工作，回到家乡的田野间种植菊花的吗？

杨雪梅：10多年前，我还只是一名医科大学毕业生，在重庆主城一家大医院有着稳定的工作。在一次返乡探亲中，我发现村里的土地成片地撂荒，年轻人都出去打工，留守的尽是老人和儿童。

这时，村支书的一句话，改变了我的人生："村里穷得很，你这大学生有没有办法给大家找点事情做，找点钱？"

老村支书托我多留意一下，有什么适合家乡发展的特色产业。多年后的今天，我对村支书的这句话依然记忆犹新。

我出生于云阳堰坪镇中升村，从小在农村长大，对乡村有着难以割舍的情感。我学的是中医药专业，深知"药材好，药才好"的道理。

三峡库区自然环境良好，能不能种一些高品质的中药材呢？心念一起，我就坐不住了。思前想后，我和我爱人作出了一个决定：辞去医院工作，回村种药材。

2007年初，我在村里流转了30多亩土地，动员了24户群众种植旱半夏、沙参、白及等中药材。在我们和村民的悉心管护下，旱半夏长势良好。眼看丰收在即，天公却不作美，连绵的秋雨让近八成旱半夏都烂在了地里，一年的辛劳化为乌有！

为了不失信于乡亲，我承担了全部的损失，当年亏损近 10 万元，但是我们仍然没有放弃。

我前往重庆中药种植研究所寻求技术支持，向专家请教后，才知道旱半夏抗涝性较差，不适合在多雨的云阳种植，倒是杭白菊耐阴抗涝，适合云阳的气候。

菊花就这样进入了我的视野。菊花药食同源，既可入药，又能做饮品，可扩大市场份额，降低经营风险。我聘请中草药专家做顾问，到杭白菊的主产区浙江走访调研，学习种植技术；不但引入浙江的品种，还把全国各地不同的菊花都放到三峡库区试种，然后进行比对、优选、优育……

历时三年，我终于带领团队培育出了适合本地气候、具有高品质的高山有机菊花新品种"三峡阳菊"。

这一带海拔 500 米到 1200 米，阳光照射充足，昼夜温差较大。菊花可适应山地气候，再加上种植劳动强度低，技术也容易掌握，特别适合库区留守人员。

在我们的带动下，当地村民们也纷纷种起了菊花。只要是愿意种植的农户，我就会免费为其提供种苗，教他们技术，并以兜底价格收购。

为了种好阳菊，我聘请了母校重庆医科大学和重庆中药材种植研究院的中药材专家当顾问，并虚心向长期从事药用菊花和中药材种植的专业户学习，还组织人员赴浙江桐乡、安徽黄山等地参加培训，学习掌握中药材种植新技术。

功夫不负有心人，当年，我种植的 150 余亩阳菊获得了丰收，亩产值达到 4000 多元，净利润 20 余万元。

阳菊绽放新的征程

问：据我们了解，三峡阳菊项目在推进过程中遇到不少困难，您能说说是怎样带领团队克服困难、实现产业振兴发展的吗？

杨雪梅：这要得益于我始终没有忘记"给大家找点钱"的创业初心。2010 年，我先后成立了云阳芸山农业开发有限公司和云阳县堰坪镇菊花种植协会，按"公司 + 协会 + 基地 + 农户"的产业发展模式，带领村民种植菊花增收致富。

每年，我们免费向农户提供花苗，与大家约好当年菊花的最低回购价格，保证农户基本收益。

2011 年，我在云阳县堰坪镇、红狮镇分别建立了 1200 亩和 1000 亩的药菊种植基地，年产值 800 万元，让 1160 多户农户实现增收。

对于贫困群众，我们给予了更多的关心和支持，不仅在种苗上

三峡阳菊加工中心的工人们正在分装菊花产品

优先满足，还在技术上跟踪指导，在收购时上门服务，全程减轻贫困群众负担。

年近七旬的贫困户李在寿曾经种植了几亩辣椒，最后却卖不出去，因此对种植经济作物颇为抵触。我上门沟通了五六次，他才将信将疑地种了1亩菊花，没想到第一年就尝到甜头，卖了3000多元。第二年不等我上门，李在寿主动找到我说："这花花种得，今年我还要多种些。"

扩大了规模，资金又成了问题。我回乡创业就是想帮乡亲们增收，不能让他们承担风险。我们免费为农户提供菊苗和技术，还签订最低回购合同，风险全部自己承担，资金难免捉襟见肘。

幸运的是，中林集团了解了我的创业项目，直言欣赏我的创业初心，看好未来的发展前景，并伸出援手，帮我解决了菊苗问题。

销售是创业的"最后一公里"，也是最难跨越的一道"坎"。

记得第一次找商家推销三峡阳菊，对方是重庆一位专做花茶的老板，轻飘飘一句"我们只做黄山贡菊、杭州白菊，没听说有什么三峡阳菊"，就把我打发了。

我当然不甘心，鼓起勇气又去。这次老板看了看我的菊花，这不好、那不好挑了一堆毛病。我没有生气，反而很高兴，因为他挑剔就说明他感兴趣了。同时我也明白，要给对方一个接受的理由。

其实我们之前已经与市场销售的菊花作了比对，对自己的产品还是蛮有信心的。带着这份信心，我一次次和老板沟通，最后老板可能是被我的执着打动，终于改变了态度，说要先拿点样品试试。

我渐渐学会了如何与商家打交道，就是要站在商家的立场捕捉产品的卖点，而不是自说自话。参加各种国内国外展销会也是打通市场的渠道，而一次次在展会上获奖，也为三峡阳菊开具了通向市场的"准入证"。

飘香不止眼前的路

问：一朵小小的菊花，年创数千万产值，成了云阳当地的大产业，您也成了云阳有口皆碑的"杨菊花"。当前，我国正处于巩固拓展脱贫攻坚成果同乡村振兴有效衔接的新起点上，能讲讲您的阳菊产业是如何深度参与这一伟大实践的吗？

杨雪梅：近年来，芸山农业依托重庆市中药研究院、南京农大的技术支撑，在种植、加工、产品研发等环节进行了全面的推进，形成了独特的三峡阳菊品种育苗标准化、种植标准化、加工标准化、管理标准化的流程，大大提高了生产效率和工作效率。

云阳菊花产品主打中国有机认证牌，与中国邮政、和平药房连锁、吉和药品公司等一批大型企业合作，又先后在淘宝、善融、融

杨雪梅直播推荐"三峡阳菊"

E购等一大批知名电商平台上开设店铺，线上线下相结合，剑指国内中高端菊花消费市场。

我们先后到意大利、英国、德国等地进行市场考察，通过各种渠道积极推动产品出口，公司现已成功向美国、欧盟、中国台湾等国家和地区出口菊花。

2017年，为保障建卡贫困户、低保户、农村转移劳动力等城乡重点人群创业和稳定就业，助推脱贫攻坚，我们芸山农业依托"三峡阳菊"品牌，在云阳盘龙街道革新村创建了芸山创业孵化基地。目前基地里的云阳县三峡阳菊职业技能培训学校已投用，另有一个玻璃温控大棚和29个育苗大棚，大棚面积4000余平方米，种苗苗场30亩。

基地正在筹建以中国农业科学院陈宗懋院士为首的芸山茶植物产品研究基地、以重庆中药研究院和南京农业大学为技术支撑的重庆菊花技术工程研究中心等。

如今，我们三峡阳菊种植面积已达43000余亩，有种植户21000户，其中贫困户1900余户；三峡阳菊种植涉及18个乡镇（街道）41个村（社区）。

三峡阳菊在产业发展的过程中，注重脱贫成效，做到了真正带动贫困户脱贫致富。2019年吸纳农户和贫困户务工200余人，增加务工年收入1万元以上；企业流转土地直接经营达4350亩，平均为土地流转农户增加租金收入每亩600元以上。

接下来，我们将进一步延伸产业链条，加强品牌建设，让三峡阳菊香飘远方。我有信心，未来五年，芸山农业的三峡阳菊种植面积将扩大到10万亩，实现产值10亿元，带动更多农户脱贫致富奔小康，为助力乡村振兴贡献力量。

访谈手记：从医务工作者到地道的"新农人"，杨雪梅经过艰苦创业，带着"阳菊"走出大山，走向世界。她致富不忘回报乡亲，成立堰坪镇菊花种植协会为村民传授菊花种植技术，带着老家的父老乡亲一道做起了"菊花梦"，开启了扶贫致富路。她是当地有口皆碑的"杨菊花"，更是村民脱贫致富的带路人。

焦建鹏：村子变景区，穷山里闯出致富路

人物简介：焦建鹏，1981 年出生于宁夏回族自治区西吉县吉强镇龙王坝村，2010 年大学毕业后，曾在银川从事文创工作，后选择回乡创业，创办宁夏瑞信龙王坝生态文化旅游村股份有限公司。通过发展乡村旅游业，龙王坝村从一个贫困村变成了宜居宜游的美丽乡村。

创业心语：龙王坝是我的家乡，如今漫山青翠，再也不是当年那个贫瘠的小村庄。现在龙王坝村已经是一个集吃、住、行、游、购、娱于一体的旅游乡村，是宁夏的亮丽名片。未来，我希望龙王坝老红军们的后代也能讲好这片红色土地上的红色故事，让家乡的底蕴更加深厚。

引语

宁夏是脱贫攻坚的主阵地，西吉县是宁夏最后一个宣布脱贫摘帽的国家级贫困县，告别"苦瘠甲天下"的标签，如何将巩固脱贫攻坚与乡村振兴有效衔接，成为许多人关注的话题。

发展乡村旅游产业作为推动乡村振兴的重要抓手之一，一直在大众的聚光灯下。坐落于红色旅游胜地六盘山脚下的龙王坝村，早在 2013 年便开始了脱贫攻坚与乡村旅游融合发展的实践。2019 年 7 月

28日，龙王坝村入选"第一批全国乡村旅游重点村名单"。

夏日六盘，天蓝云白。驱车沿着盘山道一路向西，绿树环绕，美梯峦田，窗外景色叫个好看。不远处的山腰间装饰现代的窑洞一字排开，彩色拱门、红灯高挂、文创饰物，人流穿梭往来……

"那是龙王坝村。别小看这个宁夏西海固地区的小山村，有位叫焦建鹏的小伙子在这里搞起来一家超级农家乐……"

怎么个"超级"法？村民口中频繁提起的"焦建鹏"又是何许人也？

曾立志仗剑天涯，猛回头发现家乡有天地

问： 西吉县龙王坝村通过发展乡村旅游业，不仅让老百姓守住了绿水青山，更让村民们致富的路越走越宽。同样的地理条件，过去曾是发展的阻力，如今却成了发展的优势。作为慧眼识珠的青年致富带头人，能结合自身经历讲讲个中门道吗？

焦建鹏： 我家祖祖辈辈生活在龙王坝，还记得小时候，龙王坝村一穷二白，要啥啥没有。村民们世代与黄土为伴，沟、壑、塬、峁、梁、川，放眼望去是望不尽的荒凉。

龙王坝村文旅项目全貌

20 世纪 90 年代，我走出了这个生我养我、黄土漫天的村子，来到银川，就读于宁夏财经职业技术学院金融专业。在我的眼里，银川是繁华的都市，大学为我开启了连接世界的窗。外面的世界很大、很精彩，我接受着现代气息的洗礼。

在大学里，有一个人不得不提——闫新仁教授。有一次他讲到山西的乔家大院，对同学们感慨道："乔家大院在山西祁县这么一个小地方，做好了却可以汇通天下，掌握全国的金融命脉。你们毕业后不要老想着往外跑，都跑了，小地方怎么办，谁来发展？"

老师的这番话对我的人生观影响很大。我就想，要为家乡做点事，改变村里贫穷的面貌，让龙王坝也跟上时代发展的步伐，让村里人过上幸福的生活。

2001 年大学毕业后，我回到西吉县开了一家广告公司和一家网吧。当时正好赶上广告热，网吧也刚刚兴起，公司效益好，每年有1000 多万元的营业额，我很快赚到了人生第一桶金。

如果就这样发展下去，龙王坝村就不会有"焦书记"了。随着生意越来越忙，我的心却越来越不在公司上。那段日子我过得很纠结，在别人眼里我很成功，可自己心里总觉得缺点什么，即使离开了家乡，家乡依然令我魂牵梦萦。

转折点出现在 2010 年的一个晚上，那天晚上 7 点钟，我像平常一样打开电视收看《新闻联播》，看到了"林下经济推进会"的新闻，那是我第一次听到"林下经济"这个词。

出于所学专业的敏感，我马上查询资料，得知"林下经济"是以林地资源和森林生态环境为依托发展起来的林下种植业、养殖业、采集业和森林旅游业。也就是说，可以在林中养鸡、做药材、做山桃等林产品的培植加工，也可以做森林旅游，同时发展一、二、三产业。

这是一种全新的经济模式，我心中暗喜，盘算着这种经济模式正适合龙王坝！村里退耕还林后有 3000 多亩林地，每到春天，漫山遍野的桃花开得那叫一个娇艳。曾立志走出龙王坝再不回头的我，猛然觉得家乡广阔天地大有作为。

除了自然风光，龙王坝还是中国的龙腾之地，有 16 座龙王庙，龙文化和黄土元素尤为明显，流传着很多美丽的故事和传说。于是，我在村里成立了西吉县心雨林下产业专业合作社，也是宁夏的第一家林下产业专业合作社。

"你回来种地养鸡，这是不是倒退？"

问：短短几年，龙王坝村乡村旅游产业的发展速度和效果显著，让一方百姓实现了"靠山吃山"的致富梦想，也有不少乡村和个人前来取经。在外人眼中，你这一路好像顺风顺水，但是在创业过程中，想必有许多外人看不见的挫折和困境，能和我们分享一下吗？

焦建鹏：回乡创业不是一件容易事。刚回村的时候，很多人看不惯。有人说："人家都往外走，越走越远。你好不容易出去了却又回来种地养鸡，这不是在倒退嘛！"

我不去理会，凭着一腔热血投入创业中。

老实说，我从设计、IT 行业转到农业、林业，缺乏相关专业知识，对农村发展的整体框架也缺少了解。起初，我多以模仿为主，别人咋做我就咋做，就这样东学一点、西挪一点，后来发现这样做不可行。

以建蒙古包为例，这不是我们当地的文化元素，做个小型农家乐应急还行，但想让别人记住你这个地方，展现出来的一定是与当地特有的文化元素融合的内容和形式。

此外，搞建设需要融资，但银行不看好，问我盈利点在哪里，我答不上来。干农业投入大、利润低，再加上缺乏农业、林业知识，只能在试错中一点点摸索，所以合作社发展并不顺利，花了不少冤枉钱。

从 2010 年到 2015 年，我陆续投入 6000 多万元，公司赚的钱都拿来养合作社了。其中，2015 年最为艰难，可以说是跌到了人生的低谷，甚至怀疑自己做错了选择，应该放弃吗？

每天早出晚归，赶上出差就数日不能回家。妻子劝我别做了："现在这样还不如以前做公司，那时候起码能看到你的人，现在可倒好，见不到人也看不到钱。都 5 年了，你辛苦搞了这么一大摊子，有成效吗？真能走得通吗？"

父母也担心这样做下去不是个办法："我们比你会种地都做不起来，更何况你对农业毫无了解。好不容易把你培养出来，你有好的工作不干却跑到农村去，再这样下去让我们咋办？"

返乡创业是理想也是情怀，但如何找到理想与现实的契合点，这既要求创业者将自身兴趣与区位优势相结合，也需要政府部门搭建有效平台，为情怀插上翅膀。

近年来，为了给返乡入乡创业的人提供保障，西吉在政策优惠和资金扶持方面不断加码，推出了"将返乡创业优秀人员吸纳进村干部队伍""建立各类示范性创业园区服务青年创业"等举措。政策护航让我的创业更有底气，也让我的创业进程迎来了转机。

2015 年，我参加了固原市农业广播电视学校组织的农村实用人才培训，前往陕西东韩村学习。东韩村成熟的培训体系让我看到了巨大的市场：按照每人 300 元 / 天来算，10 天下来就是 300 万元的收入。做培训不仅可以让人吃住在村，还能促进农产品的销售，很多经营发展的问题都将迎刃而解。

发展乡村旅游 穷山里蹚出致富路

问：在您的带领下，龙王坝村入选首批全国乡村旅游重点村名单，请问在发展乡村旅游业的过程中有什么成功秘诀可以分享给大家吗？

焦建鹏："神山"云台山，"圣水"龙王坝，这里是一个有故事的地方。

美，这里真美；穷，这里曾经真穷！除了美景，半山腰上种啥啥不灵。全村 404 户、1764 口人，前年建档立卡户 208 户。可是就这么一个地处西海固的穷山村，愣是山清水秀，拥有发展旅游度假产业的绝佳优势。

培训回来后，我成立了宁夏瑞信龙王坝生态文化旅游村股份有限公司，依托当地山、水等自然资源，投资建成了百亩梯田高山观光果蔬园、千亩油用牡丹基地、万羽生态鸡基地，形成了以传统三

焦建鹏（中）在龙王坝村和村民商量如何完善基础设施建设

合院为主、多种风格特色民居并存的美丽乡村风貌。

同时，我积极尝试把培训做成村里的支柱产业，寻找人们的需求点，围绕工人、农民、商人、学生等人群布局发力。

夏天是研学旅游、培训的旺季，龙王坝是避暑胜地，然而本地的住宿接待配套远远无法满足需求，这成为制约研学与培训发展的一大因素。

我想到做民宿，200 户改造成民宿，就有 2000 人的接待能力，这样一来，不仅能解决村里发展的瓶颈问题，还能为老百姓增收。于是，我动员村民做民宿，打造流动宾馆和民俗体验。

然而，"逢山开路，遇水架桥"不是件容易的事。在民宿修建初期，就像电视剧《山海情》中演绎的那样，我挨家挨户进行宣传带动，但屡遭拒绝，乡亲们都不看好我这个年轻的小伙子。

"怎么会有人愿意跑到这个传说中鸟不拉屎的穷山沟进行消费？你爱修路修路，爱建窑洞建窑洞，别占用我家的土地就行……"这是修建之初最常听到的一句话。

得不到乡亲们的支持，工作就很难继续推进。于是，我带头把家里的老房子进行改造后，很快有了客人。邻居看到我们的民宿真能赚钱，也开始改造。

村里的王平子家是建档立卡贫困户，他家的位置特别好，但坚持不行动。我上门找他谈过 10 余次，起初他挺客气，后来对我就爱答不理了。有一次，我把发展比较好的乡村的照片给王平子看，他摇摇头说："人家那里经济条件好，能做起来，咱这里这么穷，谁来呀？再说做民宿需要投资，我没钱！"

王平子这句话道出了症结所在，很多村民不敢做民宿是因为有担忧。于是，我去向县政府争取项目资金，政府的反馈非常积极。

对于村里的民宿改造项目，西吉县委、县政府补贴 1 万元，西吉县旅游局又配套 1 万元的启动资金和 1.2 万元的创业补贴，乡政府统一安排上下水改造，合作社统一做亮化。

在全村人的共同努力下，龙王坝村入选全国乡村旅游重点村名录，从过去"没人愿意嫁过来"的穷山沟，变成生机勃勃的"世外桃源"。

随着龙王坝村旅游基础设施的不断完善，乡村旅游也升级发展。我们通过培训让大家具备专业知识，还把农民变成合作社的员工，实现了身份的转变。村民们摒弃了"等、靠、要"思想，凭着勤劳走出了一条属于自己的脱贫致富路。

目前，龙王坝村的民宿改造已经完成 35 户，其中有 20 户是建档立卡贫困户，村里民宿产业发展的框架基本搭建完成。我们村人均纯收入从 2300 元提高到 11800 元。

2021 年，我国向世界宣告脱贫攻坚战全面胜利。面对乡村振兴的新征程，如何响应"旅游 + 非遗"业态，把龙王坝打造为"带露珠，冒热气"的乡村景点，是我目前最关心的事情。

杨琴英老人曾对我说："这个村有这个娃，是我们的福。"但是我觉得，我们最应该感谢的是这个伟大的时代，共产党好，黄河水甜，是党的政策滋养了这片饥渴的土地。

访谈手记：正是这种心怀家国、锐意进取的情怀与付出，让焦建鹏获得了宁夏民族团结进步模范个人、宁夏道德模范、宁夏劳动模范、首批农业创业专家讲师等荣誉。"每一天都是新的开始。"焦建鹏这样说道，他将继续围绕乡村振兴的主题，进一步加强龙王坝生态文化旅游村的基础设施建设，丰富文旅体验，讲好宁夏故事、传播好宁夏经验，构筑好乡村的"诗与远方"。

第九章　乘着"互联网＋"的翅膀

刘丹：争做巾帼奋斗者，筑梦乡村促发展

人物简介：刘丹，1990 年出生于湖南省娄底市双峰县。2017 年在贵州省桐梓县大河镇成立贵州大榕农业科技有限公司。她以娄山商会团支部书记的身份，选用合理种植作物，吸收村里的贫困户就业，帮助他们实现脱贫致富。个人先后被评为"遵义市五一巾帼标兵""桐梓县三八红旗手""遵义市女企业家协会优秀共产党员""桐梓县女企业家商会优秀秘书长"等。

创业心语：在我成长的道路上，每个阶段都有对应的目标。我们都知道人需要努力，需要尽力往前，却往往找不到前进的力量。所以找到各阶段成长的原动力，保持心中的热情，才是成长的必经之路。

引语

享有"中国方竹笋之乡"美誉的桐梓县，位于贵州省北部，北与重庆市接壤。其平均海拔较高，生态环境优美，境内自然景观独特，有"黔北门户""川黔锁钥"之誉。

贵州中药材资源丰富，其中天麻、黄精等名贵中药材发展势头强劲，桐梓县的地理区位、气候条件、海拔高度十分适合天麻、黄

精等中药材生长，当地中药材野生资源分布广泛。

但随着人们需求的增加，中药材野生资源正在逐渐枯竭，仿野生规模化标准化种植就显得十分必要，当地规模化种植基地较少，合作社和农民除去种植成本后利润微薄。

"大家可以看一看，这是我们桐梓县的方竹笋，品质好口感佳，产自海拔 1200 米以上的高山森林中……"在直播间里，刘丹详细地介绍着手中的产品，像这样的直播，刘丹从去年便开始了。

回想起刚做电商时的情景，刘丹直摇头："那时候什么都不懂，在村里开了一个电商服务站点，只知道代买代卖产品，有时候还要开 40 分钟的车到县城寄东西，基本没挣到钱。"

过去的石牛村公路不通，房子破旧，老百姓主要以种植水稻、玉米等传统农作物为主，村民没有稳定收入，连维持基本生活都成了难题。

2019 年以来，大河镇通过产业扶贫资金为建档立卡贫困户入股石牛中药材（乌天麻）种植专业合作社，让贫困户参与到合作社发展中来，充分享受发展红利，一定程度上破解了贫困户增收难题。

来到乡村创业，为乡村作点小小的贡献，让自己实现人生价值。回首这几年的创业路，刘丹感觉过得很充实。

追逐梦想启新旅，初试牛刀强信念

问：作为一名 90 后全职妈妈，您能说说当初为什么选择来到一个新的地方进行创业呢？

刘丹：我是湖南省娄底市双峰县的一个 90 后。作为家里老大，我从小就被"放养"。我那时最大梦想是长大后能成为对别人有帮助的人。

初中时我开始学习美术，18 岁那年考入湖南工艺美术学院室内设计专业，毕业后我在娄底做设计师。2013年，因为家庭原因，我放弃了设计师工作，来到贵阳帮助妈妈打理家里的贸易生意。

次年，在一次公益活动中，我第一次走进桐梓县大河镇石牛村。当年，这个位于大河镇北部、平均海拔达1000米的山村，是人人说起都摇头的省级三类贫困村。

这里和我想象中完全不一样，太贫瘠，放眼望去都是山，破破烂烂的路歪歪拐拐。我们做文化下乡活动，当地的节目有些脱离时代，如果硬要找出好的感觉，可能就是空气特别新鲜。

但就在那次活动中，我遇见了我的丈夫，一个土生土长的桐梓人。我们2015年组建家庭，一年后我做了妈妈。2017年，我有了第二个宝宝。那两年，我的公公作为扶贫干部几乎天天在村上，他挂在嘴边的话就是："一个党员就是一面旗帜。党员就是要为人正派，说话公道，做事认真负责，全心全意为群众服务。"

恰巧在那一年，为转变发展方式，石牛村通过招商引资，鼓励青年回村创业，大力发展规模经营、集约经营，发展绿色农业、特色农业，走综合发展、可持续发展之路。

我当时就心动了。作为一名共产党员，虽然我对农村完全不了解，对农业也可以说是一窍不通，但我就想做有意义的事，为脱贫攻坚献出自己的一份力量，让我的孩子们将来能为他们的妈妈感到骄傲。

2017年初，我走进了石牛这片充满生机的土地，开启了追逐"田园梦"的旅程。那段时间，我天天抱着钱一家一户地走，谈妥一户就支付一户的钱，一付就是三年的租金。因为我听说这里的老百姓不相信这些流转土地搞产业的外地人，所以我要让大家看到我的诚意。

我拿着GPS和大家一起丈量土地，丈量一户就兑现一户的租金，第一期丈量签了 58 户土地流转协议，流转土地 500 亩。

这里的土壤和日照都非常适合猕猴桃的生长，但是猕猴桃要 3 年才挂果，我们就考虑以短养长的方式，夏天种西瓜，冬天种蔬菜。

通过走访调研，我作出了发展猕猴桃、西瓜和蔬菜的决定。为更好地统筹发展，2017 年 6 月，我成立了贵州大榕农业科技有限公司，规划建设 500 亩原生态高山猕猴桃标准化生产基地。

至此，我的"田园梦"可以说才刚刚开始。

精益求精作调研，为谁辛苦为谁甜

问：乡村振兴需要经济的发展、产业的支撑，但关键是人。需要那些从农村走出去，有文化、有能力、对农村有感情的年轻人。但从现实层面看，当前农村青壮年劳动力大量流失，农村空心化严重。因为对年轻的创业者来说，农业创业薄利润、大风险、投入精力高，都是阻碍创业项目发展的因素。您在创业过程中，是否遇到过困境，又是怎么解决的呢？

刘丹：我在发展规划上，可是认真思考过的。一开始种植了 100 多亩西瓜，西瓜倒是丰收了，可是等把民工工资发完之后，才发觉自己还要倒贴钱。不但皮肤被晒黑了，还亏了本。我心里很不是滋味。但我不服输，通过认真分析，我发现品种是一个最大的制约。

经过深入考察后，我们对品种进行了选择，精选了 5 个品种的西瓜。以前种植的本地西瓜才卖几毛到 1.5 元不等的价钱，而像冰淇淋、黄皮等品种的西瓜可以卖到 3 元多到 5 元多，价钱翻了好几倍，而且口感好。

有了种西瓜的经验，对于猕猴桃的种植，我首先想到的就是品种问题。在比对过后，我将目标锁定在四川苍溪县，因为苍溪是红心猕猴桃原产地，全国出名。

于是，我走进四川苍溪县拜访种植猕猴桃的专家。通过交谈，我选择了当地的红心猕猴桃的早熟、晚熟品种。

正如你所见，石牛村土地坡地多，土里石头多，打桩、放线都不容易。每一个环节我都亲自参与。栽种时节，第一批拉进来10万余株猕猴桃苗，为了确保早、晚季都有猕猴桃卖，500亩基地里，进行了早熟和晚熟混种。猕猴桃基地的成功建设，带动了当地58户群众，每年户均增收都在1000元以上。

2019年初，我联合王天强等7人牵头成立桐梓县石牛中药材农民专业合作社，提出"建一个基地，富一方百姓"的经营理念，在石牛村建设林下仿野生天麻种植基地20亩，建设2900平方米的天麻种植大棚。

那段时间，我心里极为忐忑。当我10月去挖时，看到已经能挖出拳头大小的天麻。一个月后，我们5个人上山挖，连着根的天麻越挖越多，产量高达3万斤，每平方米平均能挖出15斤鲜天麻，最多有22斤，最后除去成本，赚了20多万元。我为天麻注册"梓麻"品牌，寓意为回报桑梓。

我带动当地村民一起致富。越来越多村民加入种植天麻行列中来，仅半年多，合作社由最初7人增加到179人，其中贫困户147人。

2020年，通过上海援建资金支持，石牛村建立第一个加工厂，对天麻、辣椒以及其他中药材进行基地初加工。加工厂的建成不仅为农产品增加了价值，还提供了100多个务工岗位。

同年，桐梓县农产品产销智慧园区提供厂房，场地免租金5年。我入驻园区进行精深加工，将天麻加工成干天麻、天麻片、天麻面、天麻酒等，通过加工，天麻价值翻倍。

为进一步扩大销售市场，我先后赴全国各大药材市场跑业务，

刘丹（左一）与村民交流种植经验

刘丹通过互联网提高农产品的知名度

通过"线上+线下"销售的方式,把天麻远销上海、广东、湖南、江浙等地。

2019年底,合作社按照每户贫困户5000元入股资金33.3%比例,为60户入股贫困户集中分红,每户分红资金1665元。2020年底,为140户贫困户分红10万余元。三年来,带动农户收益达150万余元。

圆梦田园助脱贫,追求卓越铸辉煌

问:贵州省是全国脱贫攻坚地主战场之一,是全国扶贫任务最重的省份之一,经过不懈努力,脱贫地区面貌发生了翻天覆地的变化,脱贫群众正意气风发创造幸福美好新生活。但是脱贫摘帽不是终点,而是新生活、新奋斗的起点。您在创业的过程中,是如何致力于乡村的脱贫致富的?

刘丹:随着公司经营步入正轨,我并没有忘记自己当初创业的初心——改变家乡面貌,改变乡风文明,带着父老乡亲共同致富。在桐梓县经贸局、团县委的支持下,我的公司和农户建立起紧密的利益联结机制,以惠及更多的乡亲们。

随着电商时代、直播时代来临,桐梓县经贸局、团县委对各电商站长进行培训,组建电商团队,我就是其中一员。通过开通京东、淘宝、拼多多等网络平台,我搜罗了当地特色手工艺品、特色农产品,替村民"代买代卖",为全县农特产品进行直播卖货。

自电商团队组建以来,我所在的"京东·桐梓扶贫馆"销售金额高达1700万元。我们的产品全部录入国家扶贫产品库,每卖一个产品,其背后产业链、扶贫产业链接都相通。现在做电商,和我当时只做天麻或者猕猴桃,其实是两个概念。

在我看来,直播带货,"带"的不仅是产品价格和优惠力度,还有当地文化，每件产品背后都有农户沉甸甸的期望。这得益于前期对农产品的了解，每一个产品我都能讲出其中的故事。

2019 年 10 月，通过村民主评议、乡镇审核，桐梓县脱贫攻坚领导工作小组审定，石牛村仅剩的 5 户 11 人顺利摘下贫困帽，贫困发生率下降为零，实现整村脱贫。对于我来说，这是最让我开心的事情。

访谈手记：从"设计师"转身成为"新农人"，完全没有在农村生活过的刘丹，去农村前甚至连锄头都未曾摸过，却扎根在这片土地上播撒青春汗水，天麻、猕猴桃、西瓜、辣椒……但凡地里能长的，她都想去尝试。刘丹的直播带货，"带"的不仅是产品价格和优惠力度，还有当地文化，每件产品背后都有农户沉甸甸的期望。来到乡村创业，为乡村作点小小的贡献，回首这几年的创业路，刘丹感觉过得很充实。乡村美、百姓富、生态美的美好画卷正在展开！

施林娇：青春用来奋斗，双手创造幸福

人物简介：施林娇，1996 年出生于湖南省湘西土家族苗族自治州。2020 年开始直播带货，成为村里第一批返乡创业大学生。她从事互联网时代十八洞村的电商销售，本着服务村民、为村民打开土特产销售渠道的初心，以本土网红主播孵化为核心业务，借助短视频平台为村民销售腊肉 1 万多斤，积攒了 10 余万的粉丝，带领当地老百姓共同走向富裕。

创业心语：青春是用来奋斗的，我坚信自己的选择。年轻就是要敢闯敢拼，不去尝试，怎么会知道结果如何呢？相信我们青年一代一定可以给十八洞村注入年轻的活力，在全面小康的大道上为乡

村振兴贡献自己的力量，实现自己的人生价值！

引语

苗寨山村紫瑞旋，呼风蓄势扫穷顽。脱贫给力攻坚准，俱兑春光共洞天。

享有"云雾中的苗寨"美誉的十八洞村，其平均海拔 700 米，生态环境优美，境内自然景观独特，有"小张家界"之誉。特别是十八溶洞群，洞洞相连，洞内景观奇特，被誉为"亚洲第一奇洞"。

十八洞村位于湖南省花垣县排碧乡西南部，交通十分便利。全村总面积 14162 亩，森林覆盖率 78%。美丽的风景却难掩村子的贫困。

十八洞村地处武陵山区中心地带，武陵山区又是中国有名的贫困地区。全村人均耕地仅有 0.83 亩。2013 年，人均纯收入仅有 1668 元。

十八洞村有着深厚的苗族文化底蕴，苗族原生态文化保存完好。拥有苗绣、蜡染、花带、古花蚕丝织布等文化旅游产品，有十八洞腊肉、酸鱼、酸肉、野菜等多种绿色食品。

"欢迎你们来看娇娇的直播！今天家里没有柴了，就上山给大家直播砍柴吧。"身材娇小的施林娇在山间边砍柴边向手机另一端的观众打招呼。

从小在十八洞村里长大的施林娇，对这里的一切都很熟悉，苗族的特色文化和日常生活都是她直播的灵感来源，做农活、烹饪苗族特色菜、唱苗歌等都是她的直播内容。

他们团队希望能通过直播平台帮助乡亲们的特色产品拓宽销路。目前，他们在直播平台已经有了近 10 万"粉丝"。

回到家乡创业，为家乡作点小小的贡献，让自己实现人生价值。

回首这几年的创业路，她感觉过得很充实。

十八溶洞夺天工，明眸巧笑苗家红

问：2013 年 11 月，习近平总书记到十八洞苗寨调研，作出"实事求是、因地制宜、分类指导、精准扶贫"的重要指示。作为十八洞村第一代返乡创业的大学生，能说说当初为什么选择回到家乡进行创业呢？

施林娇：我是土生土长的苗家阿妹，出生在十八洞村。十八洞村位于武陵山脉的腹地，青山绿水是她的容颜，但贫穷也一度是她的底色。几百年来，山高路险、交通闭塞，我们村穷得叮当响。

在我童年的记忆里，有一个场景历历在目：那时候，我们村没有公路，汽车进不了村，一头猪要五六个壮汉往外抬。进出村子，顶多骑个摩托车。路是砂石铺的，一不小心就会翻车，晴天一身灰，雨天一身泥。

"有女莫嫁十八洞，一年四季吃野菜，山高沟深路难走，嫁去后悔一辈子。"几百人的村子，娶不上媳妇的光棍汉，一数几十人，很多年轻人都跑出去打工，留在村里的多是老人和孩子。

小时候，我和小伙伴一起背着背篓，背篓里装着衣服、书本，去村里上小学。能上学是幸福的，因为有很多孩子家里穷到念不起书。

那时候，我有一个梦想，想做一名歌星，盼望着自己能够走出深山苗寨，去往更大的世界追寻年轻的梦想。

2015 年我参加高考。在艺考时，家里发生了变故，让条件本就不好的家庭雪上加霜。在精准扶贫政策的帮扶下，母亲没有放弃，硬撑着供我们几个姐妹读书。

靠着国家助学贷款，我在浙江音乐学院完成了 4 年的学习生涯。

施林娇直播推介当地特产

2019 年我大学毕业后，在湖南浏阳找到了一份工作，这份工作很安稳，收入也不低。

可是，我的家乡深山苗寨始终萦绕在我的心中，我仍然思念着十八洞村的亲人。看着家乡越来越好，我有了返乡创业的念头。

2020 年春节，我回到家乡。在和伙伴们聊天时，不经意发现，机会就在身边。这些年，十八洞村通过精准扶贫，接触到了外面更广阔的世界，而外界也时刻关注着这个在中国精准扶贫史上具有"地标"意义的苗寨发生的改变。

我的很多朋友知道我是十八洞村的，常常会问我一些关于村里的问题，我想通过直播将村里发生的故事讲给外界听，或许这就是一个很好的创业机会。

在经过充分考虑后，我决定辞职返乡创业，为家乡建设贡献一份力量。年轻就是要敢闯敢拼，不去尝试，怎么会知道结果如何呢！我一旦有想法，就有必成的信念！

镜前含春频劝客，心向桑梓怀丹诚

问：十八洞村属纯苗族聚居村，苗族原生态文化保存完好，民族文化活动丰富。虽然您出生在十八洞村，在苗族文化的耳濡目染下长大，但我们了解到，十八洞村地域特色显著，却没有跟上新媒体的步伐，而您也没有专业学习过新媒体相关知识，所以当您决定回乡创业后，是如何决定通过短视频平台来宣传十八洞村的？

施林娇：2020年初，我辞职回到十八洞村准备创业。当时看到十八洞村许多有特色的人文活动和风土人情，就产生了想要将它宣传出去的想法。

经过反复思量，我和村里另外两位返乡创业的大学生施志春、施康把目光聚焦在短视频拍摄上。

经过调研学习，我们决定依靠抖音等短视频平台，把十八洞村的声音传播得更广。我们三个一拍即合：施志春负责策划，施康负责视频拍摄和制作，而我负责出镜直播。备齐了直播设备，便开始了"创作"。

我们称呼自己"三小施"，通过制作视频和网络直播，向外展示了十八洞的变化：村里以前全是泥巴路，现在都是青石板、沥青路，建起了黄桃基地、猕猴桃基地、山泉水厂，村民还享受产业分红。

每次直播，我穿着苗服便装，头戴一朵路边随手采摘的鲜花。直播内容会根据当日天气和苗寨的实际情况变化，旨在向观众展示苗乡美食、自然风光和人文生活。

在近期的一场直播中，我分别对着两台用三脚架支起来的手机唱起了苗歌。屏幕之外的粉丝不断留言叫好，这给了我很大的鼓励。

现在，我和三个小伙伴正在视频直播展示十八洞的风景、美食、服饰、民俗、建筑、苗绣和苗家人干农活、上山砍柴等生活趣事，在一家直播平台已经有了10万"粉丝"。

除此之外，我们尝试开展自己的电商渠道，以"直播带货"的形式帮助村民销售土特产品。

脱贫攻坚取胜利，十八洞村迎辉煌

问：对于扎根十八洞村创业发展，您下一步想要从哪些方面着手？

施林娇：随着粉丝越来越多，我们对直播内容的要求也越来越严格。每场直播结束后，我就会和团队的成员们聚在一起琢磨：明天要为观众展现什么？如何更好地讲好苗寨故事？

我们现在一场直播下来能获得10万多点击量。我们的最终的目标是希望借由网络直播平台让自己有一份稳定的收入，同时也能推介家乡和家乡的农产品。

等粉丝量涨到足够多时，我们就打算将村里的特色农产品卖到更远的地方，为大伙儿换来更多的收入。

正如你所见，如今的十八洞早已不是曾经的十八洞了！村里游客多了，农家乐开起来了，猕猴桃产业分红了，山泉水可以卖钱了，乡亲们腰包鼓起来了……

去年，因为疫情的原因，我们的团队不得已解散了，不过即使是分开来，我们每个人都仍然在为脱贫事业作出自己的努力。其中，有一个伙伴回到镇上成为一名人民教师，另外一个也回到家乡，开办农家乐、做生意，继续为十八洞村的振兴事业奋斗。

身为十八洞的村民，我感到满满的幸福和无比的自豪，而我更感谢的是和我们一起奋斗着的乡亲们和不曾忘记我们的国家。我也相信十八洞的父老乡亲和14亿中国人民，日子会越过越好，在实现全面小康的道路上大步向前！

　　青春是用来奋斗的，我坚信自己的选择！相信我们青年一代一定可以给十八洞村注入年轻的活力，在实现全面小康的大道上为乡村振兴贡献自己的力量，实现自己的人生价值。

　　访谈手记：作为花垣县双龙镇十八洞村土生土长的苗家阿妹，十八洞村第一批返乡大学生施林娇，借助短视频平台，带领当地老百姓共同走向富裕。为家乡作点小小的贡献，让自己实现人生价值。回首这几年的创业路，她将青春用来奋斗，用自己的双手为乡亲们创造幸福，相信十八洞村也会越来越好！

韦小东：躬身入橘，打造超级网红"小糖炮"

　　人物简介：韦小东，1989 年出生于广西壮族自治区融安县长安镇银洞村，2016 年底，在广州从事多年电商工作的他回到家乡，开始利用积累的电商资源为家乡的金橘寻求销路，并创办了广西融安蚂蚁农业发展有限公司。他先后荣获"2018 年柳州市十大农村电商业带头人""柳州市 2020 年统一战线脱贫攻坚先进个人"等荣誉称号。

　　创业心语：创业和登山很像，值得挑战，但真的很难。登山不走到后面，你不知道到底是成还是不成，不逼自己一把，你永远不知道自己的潜力在哪里，这跟创业者创业的过程是一样的。而农村创业的关键是要敢于突破自身发展的枷锁，贯彻落实乡村振兴发展战略，把绿水青山变成老百姓的金山银山。

引语

　　"江南有丹橘，经冬犹绿林。岂伊地气暖？自有岁寒心。可以荐嘉客，奈何阻重深。运命唯所遇，循环不可寻。徒言树桃李，此木岂无阴？"唐代诗人张九龄在诗中以丹橘自喻，丹橘即为金橘。

每年 11 月到 12 月，在素有"中国金桔之乡"美称的广西融安县，金橘成熟，漫山都被金黄色与绿色浸染，空气里飘浮着金橘清新的香气。

圆小讨喜的长相、亮如黄金的色泽、细腻纯甜的口感、可追溯的优良品质，金橘作为融安传统的特产水果，在融安县栽种历史长达 200 多年。

然而，由于宣传手段、营销方式的落后，金橘的种植和销售一度陷入困境。融安县大将镇村民直言："它结果结得挺好，但价格上不去，赚不回工钱。有时候掉在地上就直接做肥料，不想去采摘。"

近年来，广西农村涌现出了一批"新农人"群体，其中既有大学毕业生、城市白领，也有土生土长的庄稼人。他们采用先进农业技术发展规模养殖，借助电商平台拉动销售，通过网络直播培育"粉丝经济"，为金橘发展注入了新的活力。

融安金橘产业在各方的努力下快速发展，在脱贫攻坚和乡村振兴之路上，已然成为助力产业发展、精准脱贫的有力依托。

抓住电商风口，让"融安金橘"一炮而红

问：请讲讲自己当初在决定创业时，为何会选择借助电商带动"金橘"产业发展这个方向？

韦小东：毕业后，出于对远方的向往，我和 3 个高中同学一起前往广东打工。2016 年春节，在外打拼几年的我回家过年，看见自己家里种的金橘品质虽然非常好，却烂在地里无人问津。

融安县大将镇村民也经常抱怨道："金橘结果结得挺好，但价格上不去，赚不回工钱。有时候掉在地上就直接做肥料，不想去采

摘。"此情此景让我心里有一种说不出的滋味。

出于对土地、家乡深厚的情怀，我下定决心要帮助父老乡亲把家乡的特色农产品销往全国。于是，我带领着一支 90 后草根团队回到融安，正式开启了我们的农村电商创业生涯。

刚开始创业时，我们没有资金、没有背景、没有经验、没有渠道，只有满腔的热情和不怕死的勇气。我常常感叹：人生真的很奇妙，我明明想做个商人，但最后还是做回了农民。

2017 年初，我们集众人之力成立了广西融安深创农业发展有限公司，正式开始涉足生鲜电商行列，帮助家乡的农民把山旮旯里的融安金橘通过天猫网店销往全国各地。

入行第一年，公司旗下的"果蔬姐妹天猫旗舰店"就被评为"2017 年度天猫最受消费者喜爱的生鲜商家"。很多人好奇我们是怎么做到的，其实这份成绩单背后隐藏着数不尽的心酸。

为了获得消费者的关注，店铺每个月在淘宝平台开展 15 场淘抢购，连续直播 3 个月，有时候天还没亮我就独自来到山里的果园开始直播了，最疯狂的时候连续直播了三天三夜。每天直播结束后，我和团队成员开着一辆即将报废的小货车，翻越崎岖的山路，到村里收购金橘，深更半夜回到公司打包发货。

记得有几次雨天山路打滑，我们险些遭遇意外。但是秉承着"只要干不死，就往死里干，最坏的结果不过是大器晚成"的原则，不论遇到什么困难，我们都咬牙坚持着。

功夫不负有心人，凭借一年多的努力，我们公司成功引起了阿里、京东等国内知名电商平台的关注，获得了阿里巴巴旗下所有平台的流量支持，全网近八成的融安金橘将通过我的网店销售。

但是，不甘心止步于眼前暂时的成绩，经过反思，我发现传统的电商销售模式是通过微商联盟和大宗落地配的形式，不仅销售模式落后，而且市场推广滞后，品牌推广动力不足。

凭借自己在电商销售领域的经验和渠道，我们与阿里巴巴联合开展了融安金橘品牌传播计划，一举将融安金橘打造成为火遍全网的"网红小糖炮"，全网曝光量 2.5 亿人次。

韦小东团队电商直播推介融安金橘

我认为，农村创业的关键就是要敢于突破自身发展的枷锁，贯彻落实乡村振兴发展战略，努力把绿水青山的生态优势转变成我们老百姓金山银山的经济优势。

打铁还需自身硬：构建专业供应链体系

问：我们了解到您在创业过程中有过一些挫折，也在自我革命中持续进步，能分享一些自己的创业故事和经验体会吗？

韦小东：2017 年，创业初期，我们想趁热打铁，参加电商平台的"双十一"活动，梦想着大赚一笔。

为了促销，活动前一天，我们特意在店铺发放了 3 万张优惠券。

就在几个年轻人意气风发，想要大干一场的时候，却不知道噩梦即将来临，一个小小的细节让我们陷入了债务的泥潭。

11月11日零点一到，网上的订单量开始激增，10分钟就冲到了4700多单。就在这时，一位细心的员工惊呼："为什么29.9元一箱的金橘，到账却只有4.6万元呢？"

我赶忙询问平台，发现因为员工设置优惠券时手误，把"满50元减5元"的优惠券设置成了"满50元减50元"。下单量还在继续增长，公司的损失只会越来越多。我立即和电商平台协商，终止了平台的优惠活动，可是领过店铺优惠券的顾客还在继续下单。

我被阴云笼罩着，不知所措。如果立即关闭店铺、终止销售，和父老乡亲预订的金橘该怎么办？又该怎么和顾客解释自己无法发货？

自己犯下的错自己就该认，不能让别人来承担。于是我硬着头皮把活动做完，金橘、包装、物流、人工、平台费用……一个晚上损失了280万元。

优惠促销没有给我们带来梦想中的名气和利润，反而让公司濒临倒闭。有人觉得我们可能会就此解散，想办法还债，可是我并不想就此放弃。

我东挪西借，填补上窟窿，然后重新站起来，向电商平台争取支持，继续卖金橘。2018年，电商如雨后春笋一般涌现，我觉得公司发展到现在应该转型，不能再单一做流通企业。

未来的农业一定是往品牌化和专业化方向发展，于是我"华丽"转身，成立了广西融安蚂蚁农业发展有限公司，带领公司朝着品牌农业和供应链的方向一路前行。

在柳州市委市政府、融安县委县政府的大力支持下，我争取到了与顺丰集团合作打造国内金橘产业最先进的标准化处理中心融安

一箱箱融安金橘整装待"发"

韦小东推介融安金橘

金橘"云仓"的机会。

利用村集体经济投入的500万元资金，引进法国进口光电分拣设备，对下游实现在触达消费者前的物流成本管控和质量监测；对上游执行产品质检、订单下发、物流调度优化，实现了光电分拣、自动打包、自动称重的目标。每年节省电商打包发货成本近2000万元，为贫困村创造40万元分红收入，正式带领融安电商迈进了2.0时代。

"云仓"改变了融安金橘传统手工分拣的历史，从分拣到包装，全流程严格标准化、自动化，形成了全国智能物流"云"布局，客户从下单到收货最快只需2小时，大大提高了金橘的商品化处理成本和物流配送效率，融安金橘产业供应链基本成形。

回忆来时路，我觉得创业的道路上需要志同道合的伙伴，一个人能走得很快，但一群人才能走得更远；创业的旅途中需要逆向思维，如果一条捷径上的人太多，不妨选择一条不平坦的路。

创业和登山很像，值得挑战，但是真的很难。登山不走到后面，你不知道到底是成还是不成，不逼自己一把，你永远不知道自己的潜力在哪里，这跟创业者创业的过程是一样的。

饮水不忘思源：积极响应扶贫号召

问：我们了解到，您在创业过程中也积极投身脱贫攻坚事业，主动融入扶贫大格局。可否向我们简要介绍一下？

韦小东：2019年，为助力融安金橘产业发展，长远规划公司发展，经慎重考虑，我决定成立融安金橘产业化联合体，将贫困户、种植散户、种植大户、家庭农场、专业合作社吸纳进入产业联合体中，统一技术管理、统一农资化肥，凭借企业销售渠道优势将融安金橘的产、供、销连接起来，形成完整的融安金橘产业供应链。

我们以"产业链＋合作社＋基地＋贫困户＋电商"的经营模式，

不断延伸金橘产业链和价值链，建立电商"益贫带贫"机制，以高于市场价格 0.5 元/斤收购贫困户种植的金橘，给贫困户优先安排工作岗位。

2018 至 2020 年，广西融安蚂蚁农业发展有限公司累计带动全县 12 个乡镇、598 户、1836 名贫困人口通过种植金橘实现增收超过 1500 万元。通过雇佣贫困户到仓库打包作业，带动超过 280 人就业，人均就业增收超过 1.5 万元，累计带动 281 户贫困人口顺利脱贫。

2020 年，新冠疫情导致融安金橘销售受阻，我们主动联系字节跳动平台，邀约网红助力，协助融安开展"八方助农，县长来了"县长直播带货活动，通过平台给予的流量加持，直播 3 小时，成功销售金橘 15.5 万斤。

此外，公司的电商团队积极帮助县里的易地扶贫搬迁贫困户，将他们种植的上万斤滞销紫薯一夜售罄。社区搬迁户谢平鲜直言感受到满满的关爱和温暖："看到那么多人在帮助我们，真的很感动，我们还有什么理由不努力呢？今年我们还想种更多的红薯，让更多的搬迁群众加入我们的微田园劳动。"

目前，蚂蚁农业电商示范基地通过智能数字化种植、分拣、电商销售，通过技术创新带动产业升级、创新。蚂蚁农业"大桔已定"品牌得到了香港优质"正"印认证、供深基地认证、"广西好嘢"认证。同时，实现了"智慧农业基地 + 数字供应链 + 平台电商 + 品牌农业销售"新四位一体的新模式，助力融安产业振兴。

电子商务为融安的发展点亮了一盏灯，照亮了一条新路，互联网的高速公路迅速连接融安的乡村。"脱贫攻坚"号角的吹响，打破了乡村往日的平静，一根小小的网线不仅改变了人们的生活方式，也让脱贫攻坚有了更多的路子。

习近平总书记讲，脱贫摘帽不是终点，而是新生活、新奋斗的起点。展望未来，在公司发展的同时，我也将致力于带领融安县做好脱贫攻坚与乡村振兴有效衔接工作，为建设好社会主义现代化农村而努力奋斗。

韦小东团队助力销售当地贫困户农产品

访谈手记：从在外就业到回乡投身生鲜创业的行业转变，从卖家到服务商的角色转变，从最初更多考虑销售问题到现在更多考虑技术革新的思维转变，韦小东和团队不断探索"标准化种植—数字化管理—电商销售"的农业生产经营模式，形成可复制推广的标准化种植技术。他们用自己年轻的思想为融安的金橘产业注入了一股新的力量，把融安的绿水青山生态优势转变成金山银山的经济优势，助力乡村振兴战略。

杨胜强：誓让故土变沃土，带领乡亲奔小康

人物简介：杨胜强，1985年2月出生于甘肃省临夏回族自治州

和政县城关镇咀头村，大学毕业后，他怀揣改变家乡贫困面貌、让乡亲们早日脱贫致富的理想，决定回乡创业。如今，他已是甘肃东创文旅集团有限责任公司董事长、和政县大学生兴农养殖营销专业合作社理事长、临夏慧聚培训学校校长，并担任中国农村青年致富带头人协会理事，每一个脚印都对应着一段挥洒青春、助力脱贫攻坚的探索之路。

<u>创业心语</u>：从迈出创业第一步到接触、发展电商平台，我的个人成长与共青团组织的引领与帮助密不可分。我将继续认真学习业务知识，提升创新创造能力；努力拼搏奋斗，引领青年创业就业，带领乡亲们脱贫致富。

引语

梨花淡白洁如雪，万花飞舞迎客来。在城关镇咀头村的梨园山庄内，满山遍野，万树梨花盛开；琼枝玉树中的木屋竹楼、农舍小院若隐若现；绿柳野草间矮篱墙、长栈道，曲径通幽。

观光打卡、野餐郊游、采摘体验，通往咀头村的路上，自驾的车辆源源不断地驶来，看花海、品美食，伴随着"你的花海"日渐成型，咀头村逐渐成为新的休闲旅游网红打卡点。

美丽乡村催生"美丽经济"，为乡村振兴注入强劲活力。殊不知在若干年前，这里是一个穷困潦倒的破山村，如今，这个昔日条件差、发展落后的"后进村"却成了全县乃至全州的"样板村"。

村民生产生活条件发生了很大改变，住宿条件好了、交通方便了、务工渠道多了……这一切让咀头村的村民看到了致富的希望。

这些变化奏响了"美丽咀头"农民素质提升曲、乡风文明和谐曲、乡村治理交响曲。而在这变化背后，离不开每一位咀头村村民的努力，也离不开咀头村"全国农村青年致富带头人"杨胜强的苦心经营。

好儿女志在四方，有志者奋斗无悔。杨胜强没什么豪言壮语，他更喜欢用行动说话。现在，这个倔强的小伙子，正在将旅游、电商以及乡土特产统筹融合，立志带领村民探索一条可持续发展的乡村振兴之路。

"回乡"与"致富"是不变的梦想

问：网红直播，节日繁盛，春夏花朵盛开，秋季红叶色彩斑斓……这是现在和政县咀头村的真实写照。能向我们介绍一下村里当初的情况，以及您回乡创业的契机和历程吗？

杨胜强：我出生在甘肃省临夏回族自治州和政县一个偏僻贫困的小山村，祖父辈都是农民。这里穷到什么程度呢？当时村镇合并，咀头村被合并到了城关镇，但是一些镇里人表示不愿意要我们这个村。

从小到大，贫穷在我的心里留下了深深的烙印，看着面朝黄土背朝天的乡亲们，我始终有一个念头——一定要努力改变家乡的面貌。从此，"回乡"与"致富"成了我扎根心底的梦想。

我相信，从农家走出来的大学生，可以再次回到农村，弄潮逐浪。2006 年，我从甘肃农业大学毕业后，毫不犹豫地选择回归家乡——和政县城关镇咀头村。

因为父辈都是村医，因此我也穿起了白大褂，并连续 4 年获得全县优秀村医称号。但是，我逐渐发觉：学医固然能使自己"致富"，然而，家乡致富的问题却不能解决。

该做些什么才能带动更多乡亲们一起走向致富道路呢？就在我跟同村的 3 名好友谈论如何创业时，得知省里将和政县列为全省养羊大县，给予重点扶持，县上也把畜牧养殖业列为"四大支柱产业"之一，予以重点培育。

　　我们分析，和政县规模养殖户比较少，羊肉供不应求，发展养殖业肯定有光明的前景。经过市场调查和分析考察，我明确了创业方向——建设养殖场养羊，探索致富的新门路。

　　创业之始，村民质疑和反对的声音充斥着耳畔，我的父亲却表示非常支持："年轻人就应该闯一闯，不要给青春留下遗憾。"父亲的话让我的心里踏实了不少，也给了我莫大的动力。

　　万事开头难。虽说市场前景诱人，但毕竟是"白手起家"，资金和场地方面存在较大困难。找贷款、求亲人、寻帮助……功夫不负有心人，场地和启动资金最终得到了落实，我带领村里的 11 名年轻人开始了起早贪黑的工作——搬砖、拉沙子、和水泥、建造养殖棚。

杨胜强（右二）入户了解情况

　　为了降低成本，我们自己抹墙，皮肤晒得黝黑，手上磨起了水泡，但这些对于立志做出一番事业的我们都不算什么。最熬人的是没有钱买材料，只好四处赊账。

最难的时候，只有一个信念支撑着我，那就是再苦再难也要实现自己的梦想。创业，看上去很美，路上却总是充满艰辛。

从 2011 年创业时的 4 个人，到 2012 年春节后第一批加入生态养殖合作社的 32 户农户，再到现在生态养殖范围已从单一养羊，发展为啤特果园林地土鸡养殖等系列产业。尽管产业逐步做大做强，但是我决心为乡亲们谋发展的初衷却从未改变。

从"难以置信"到"争相加入"

问：您多次提到回乡带领乡亲们一起致富的愿景，请讲讲自己在创业过程中都运用了哪些手段，把村民们凝聚团结起来，共同创业奋斗。

杨胜强：一分耕耘，一分收获。经过几年的探索，我实现了创业梦，收获了人生的第一桶金，但是乡亲们的日子依旧贫穷。为了解决这个困境，我挨家挨户上门宣传动员，让乡亲们利用自身优势发展畜牧养殖，带动更多村民共同致富。在这个过程中，村里人的态度从"难以置信"逐渐转变为"争相加入"。

事业的进步需要持续的创新。2015 年，在国家推进"互联网 +"行动的大背景下，我通过团甘肃省委举办的"互联网 +"培训班，接触到了电商产业，从此打开了另一番天地。原来从未想过的农村电子商务，成为我拓展创业成效的一大法宝。

举个例子来说，啤特果是和政一种古老而独特的水果，但一般只能在周边地区才能买到。我们这种果树下散养的溜达鸡，在村民眼中见怪不怪，但是在城里人心里却是难求的绿色生态农产品。

我觉得，要想持续拓宽村民的收入渠道，就要把生意做到网上去，打通和政与外界的信息渠道和交换通道。于是，我刻苦学习电子商务知识，每天晚上加班加点，终于为自己的产品搭建起了网络

杨胜强助力和政县发展农村电商

杨胜强（中）指导村里农户学习电商知识

销售平台。

2015年，我投资300万元成立了甘肃慧聚电子商务科技有限责任公司。目前，公司拥有运营中心、云客服中心、青年创业扶贫服务中心、培训中心、服务及孵化中心和创业咖啡厅等，为贫困农村青年及未就业大学生提供就业岗位60余个。

电商手段的运用不仅有效解决了羊肉的销路问题，还帮助贫困户通过网络销售农产品增加了经济收入。村里祖祖辈辈喂的溜达鸡、种的啤特果被卖到了网上，在电脑前面动动手指就能把自己的农产品卖到全国各地区……这些事，在乡亲们看来，确实不可思议。

2016年初，公司与友成基金会、沃尔玛签订实施"全国零售训练营"项目，专门为全省2000名贫困农村妇女进行电商培训，解决农村妇女的就业困难问题。

通过这几年的创业发展，我觉得公司要想做大做强，就必须把品牌擦亮，因此，依据"咀头"的谐音，我们注册了"嘴头馋"品牌，对和政啤特果树下散养的土鸡产业进行产品升级，并通过电商拓展销售渠道，致力于让土鸡成为带动本地群众致富的拳头产业。

回望来时路，从迈出创业第一步到接触、发展电商平台，我的个人成长与共青团组织的引领与帮助密不可分。未来，我将继续认真学习业务知识，提升创新创造能力，努力拼搏奋斗，引领青年创业就业，带领乡亲们脱贫致富。

扎根基层，带领乡亲奔小康

问：我们了解到，创业11年来，您的公司已经在甘肃全省范围内免费培训电商从业人员11000余人次，直接带动就业2500余人……能分享下您是如何通过个人创业奋斗带领更多人致富脱贫的吗？

杨胜强：2020 年，疫情让每个人忧心忡忡，不敢出门，和政县劳务输出形势空前严峻，在全县决胜打赢脱贫攻坚战之年，疫情让和政县扶贫工作举步维艰。

面对家乡困境，我和创业团队积极响应和政县政府《关于印发〈和政县特色产业奖补方案〉的通知》及和政县农业农村局等有关单位相关文件精神，以发展家乡特色产业、助推家乡精准扶贫工作为目标，投资 500 万元实施"嘴头馋"品牌土鸡产业扶贫发展项目。

项目通过"合作社＋企业＋贫困户"模式，整合"嘴头馋"土鸡品牌资源。通过免费养殖技能＋电商培训、免费发放"嘴头馋"品牌土鸡鸡苗、订单收购、线上线下营销、贫困户自销等措施，让家乡贫困户依托特色养殖产业脱贫致富，助力我县扶贫工作由"输血"式扶贫向"造血"式扶贫转变。

项目开展至今，已培训有养殖意愿的建档立卡贫困户 2000 户，户均分 2 次免费发放鸡苗共计 100 只，养殖过程中提供免费技术服务，带动贫困户 2000 户，户均增收不少于 5000 元。

2020 年 12 月，我荣幸地当选为咀头村党支部书记。结合村情实际，我们还逐步探索实践"党支部＋合作社＋农户"发展模式，按照"乡村旅游＋现代农业"发展思路，成立了以村委会为主体的村集体经济合作社，通过改建产业观光路、流转土地、调整产业结构等一系列措施，推介家乡特色旅游资源，助力家乡精准扶贫和乡村振兴。

这个行动既是助推家乡民生经济的应景之作，也蕴涵着我作为青年企业家的家乡情怀。项目以"亲近自然·品味乡村"为主题，以满足游客回归田园，小憩乡村的旅游观光采摘体验，玉米迷宫猎奇体验……

通过项目的实施，直接带动当地贫困户 11 户，直接带动就业 40

余人，间接带动当地农户 500 余户，对助推家乡乡村振兴和旅游产业扶贫工作、丰富家乡松鸣岩景观群观赏节点具有重要意义。

但是，成绩属于过去，人应该始终向前看。下一步，我将一如既往地努力，在这片我深爱的土地上，带领乡亲们继续发展特色养殖、电子商务、乡村旅游，和家乡父老一道奔向更好的日子，为全面建成小康社会贡献青春力量。

访谈手记：从一名待业大学生，到被评为"十大陇人骄子""全国农村青年致富带头人"，受到国家领导人和省委省政府领导的亲切接见；从靠 8 万元起家搞生态养殖，到电商年销售额达 2000 万元，为数百名大中专毕业生提供就业岗位；从起初的几个养殖棚，到兴建电子商务产业园……饮水思源，杨胜强不遗余力地回馈家乡热土，他用自己的实际行动证明：有志青年扎根广袤农村，必定能够成就一番事业！

后 记

《扶助青年乡村创业的工作实践》一书完整记录了共青团创业扶助项目实施三年来的有关实践，真实呈现了广大扎根贫困地区有志青年创业奋进新时代的鲜活事迹，并初步总结了共青团服务农村青年创业发展的工作经验。扶助广大青年扎根广袤农村，接续投入乡村振兴伟大实践，责任重大，使命光荣，谨以此书向建团100周年献礼，向广大青年朋友们致敬。

在本书编写过程中，我们得到了团中央有关部门单位及项目实施各省、直辖市、自治区团委的大力支持和积极协助，并有一批扎根农村创业优秀青年不吝分享他们的创业案例和经验体会。借此机会，谨向为本书付出辛勤劳动、给予关心支持的同志们、朋友们表示衷心的感谢。

本书由中国青年创业就业基金会、中国农业大学人文与发展学院团队联合撰写。撰稿人是：裴桓、王晓辉、吴秉昆、王松山、左停、瞿晖、旷宗仁、张超、王佩琪、李仁泽、周妍贞、邓玙谱。

由于时间仓促，本书难免有疏漏之处，请大家予以批评指正。同时希望广大读者继续关注支持共青团服务青年创业就业工作，并为我们提出宝贵意见和建议。

中国青年创业就业基金会

2023 年 4 月

图书在版编目（CIP）数据

扶助青年乡村创业的工作实践 / 中国青年创业就业基金会编著 .
-- 北京：中国青年出版社 , 2024.1
ISBN 978-7-5153-7197-9

Ⅰ . ①扶… Ⅱ . ①中… Ⅲ . ①农村—青年—创业—研究—中国
Ⅳ . ① D669.2

中国国家版本馆 CIP 数据核字（2024）第 010785 号

责任编辑：孙梦云
内文排版：川页水青

出版发行：中国青年出版社
社　　　址：北京市东城区东四十二条 21 号
邮政编码：100708
网　　　址：www.cyp.com.cn
编辑部电话：（010）57350394
门市部电话：（010）57350370
印　　装：北京科信印刷有限公司
经　　销：新华书店
规　　格：710mm×1000mm　1/16
印　　张：19.25
字　　数：232 千字
版　　次：2024 年 1 月北京第 1 版
印　　次：2024 年 1 月北京第 1 次印刷
定　　价：88.00 元

本书如有印装质量问题，请凭购书发票与质检部联系调换
联系电话：（010）57350337